練習不抱怨

21 天不抱怨的挑戰，4 個步驟，擺脫抱怨，迎來幸福

（最新修訂版）

J'arrête de Râler!

克莉絲汀 ・ 勒維齊 Christine Lewicki 著
范兆延 譯

遠流出版公司

目次

02

牢騷背後的真面目

第二部分 過程中的收穫

第三部份

二十一天：從抱怨到讚美

結語

附錄

推薦序

抱怨是一種態度，是一種心智的習慣，通常與身處的文化息息相關。峇里島和模里西斯島的居民不抱怨，因為他們全盤接受生命的賜予，而不去深究是好是壞；美國人較少抱怨，因為他們偏愛採取行動。

不過法國人倒是經常抱怨，法國詩人尚・考克多（Jean Cocteau）曾這麼描述法國人：「法國人是心情不好的義大利人。」在階級分明的法國社會型態中，批評給人一種「優越感」，也造成了大家不習慣用正面態度看待事物的奇特現象。二〇一一年秋天進行的一項民調指出，有百分之四十一的法國人認為，自己如果待人和氣，就會被當成笨蛋。事實上，這種心態早就有跡可尋，一九六三年，法國導演兼編劇米榭・歐迪亞（Michel Audiard）就曾在電影《大小通吃》（*Mélodie en sous-sol*）中，要男主角尚・嘉賓（Jean Gabin）說出如下台詞：「最重要的就是抱怨，這樣才夠稱頭。」

但是可能還有一個大家都沒意識到的原因：抱怨能夠撫慰自身的缺陷，或者說是自認為有缺陷的地方。這個社會從我們幼年開始，就習慣放大檢視學習錯誤，而不褒揚學習成就，這樣培養出的孩童，長大之後不就很容易看輕自己嗎？

抱怨的人會因為自身態度，而獲得一點點不怎麼樣的好處，但是他或她並不了解，一再抱怨會讓自己每天的生活愈來愈不快樂。就算抱怨能夠暫時撫慰某些自我缺陷，但卻完全無法修補這些缺陷。

每個人都可能在某些時候落入抱怨的惡性循環中，而且只要一個不留神，這種循環很快就會成為固定的運作模式。但是光意識到問題所在是不夠的，因為我們可能會埋怨自己，而讓問題更加嚴重。因此，我們應該要問的是：如何擺脫這種情況？

為了讓讀者不必在往後十五年，躺在心理醫師的長沙發上，而且某天還可能對醫師不滿而一走了之，克莉斯汀・勒維齊寫下了這本值得推薦的著作。此書內容獨一無二，是一本必備的書籍。作者曾親身遭遇問題，對主題瞭若指掌，對自己論述的內容非常清楚。因此，這本書並不是理論學家冷眼分析獨特現象，然後透過純學術手段提供客觀建議；恰恰相反，本書以切身經驗、實際情況，以及日常體會為本，有血有肉，並具有實證經驗的說服力，這也正是本書難能可貴、不可或缺的原因。這本書針對的不只是個人，而是所有人，因為抱怨就等於是把大家拖下水，讓每個人的注意力落在行不通的地方。美國人說：「你會放大自己專注的東西。」一再突顯問題、疏忽、疏漏、瑕疵和其他缺失，並賦予這些東西原本所沒有的重要性，結果讓這些缺失有機會侵犯我們的生存。

於是，沮喪與不滿足的陰鬱氣氛開始籠罩我們的人生。

其實，人的一生中只該發出一聲牢騷：告別人世的那一聲。

羅杭・古內爾（Laurent Gounelle）／法國百萬暢銷作家、《神總是微服出巡》作者

第一部分

給自己的挑戰：「我要戒掉抱怨」

01
怎麼開始的

坦白說，我已經不記得事情是怎麼開始的。我只能說，是從二〇〇九年春天開始到隔年春天，我心裡漸漸滋生出挑戰不再抱怨的念頭。但是這個想法醞釀了一段時間才終於成熟，等到二〇一〇年四月，我突然開竅（下文中會提到），給了自己這項挑戰。以下就是促成我展開這趟奇特冒險的原因和心路歷程。

我，一個愛碎碎唸的女人

「幸福或不幸福的感覺鮮少是由一己的狀態所片面決定，而是取決於我們對處境的感受，以及自身對現狀感到滿足的能力。」

——達賴喇嘛

我之所以想挑戰自己，是因為意識到自己平時雖然還算樂觀，但卻經常面臨一些挫折、惱人的情況，還有受委屈的時刻，這時候我就會抱怨。

有好幾次，晚上就寢時，我發現白天所「忍受」的一切令人疲憊、心力交瘁。從催促孩子上學、工作上要有所進展、守時，到處理家中和公司的物品採買，還有各種紛爭的排解，一整天下來，我覺得自己無時無刻不處於戰鬥狀態。入睡時，我總自問當天是否曾度過幾個優質的片刻，而答案通常是「沒有」。

那天只是一個再普通不過的日子，並沒有發生什麼嚴重的事情，很正常的一天，跟其他日子沒什麼兩樣。

於是，我開始問自己，是什麼阻礙我享受每天的生活？日子一天天過去，每天總是黯淡陰鬱，而我告訴自己要再等一等，等三個孩子再大一點（尤其是么女）、等公司的規模再大一點、等我有更多自己的時間、等我去度假的時候、等家人夏天有空來幫忙的時候……總而言之，就是再等一等。只要再等一等，我就可以過著更安心、更幸福的生活。

然後我問自己：讓自己幸福為什麼非得等到明天不可？這樣不是很可惜嗎？因為日常生活才是真實的人生，不是嗎？

智者曰：「昨日已逝，明日未至，唯有把握今日。」這句話我早已耳熟能詳，但是從那一天開始，我才真正下定決心付諸實現。

我是個創業者，公司的業務、三個在不同學校就讀的孩子、她們的課後活動（游泳、吉他、鋼琴……）、洛杉磯顧問聯盟董事會義務董事，以及女性、人妻與母親的角色，佔據了我全部的時間，而且這一切都發生在一個步調飛快的大城市裡，距離我的家鄉有一萬公里之遙！

於是，每晚我躺在床上，把頭埋在枕頭裡，雙眼圓睜，想著生活裡充斥許多紛亂的事物，該怎麼做，才能讓每一天的生活帶給我自在與滿足呢？

每個人都會經歷讓自己特別開心、覺得特別幸福的時刻：週末、假期、節日、笑語連篇的朋友聚餐、和愛人的約會、婚禮、旅行……等等，而這些可貴的短暫時光就像是按摩一樣，讓人能恣意享受寵愛自己的片刻，讓幸福與滿足帶領我們遠離一成不變的生活。但是我們必須承認，這些快樂幸福的時刻相當短暫，而且很遺憾的是，幸福也不常發生，甚至可遇而不可求。

那麼剩下的那些日子又如何呢？我們的日常生活平庸得多，而且充斥各式各樣的責任義務。仔細想想我才發現，放任生命中這些「普通」時刻白白溜走，而不去探求其中的迷人之處，是多麼浪費的一件事，更何況自己還是用忍耐的心態度過每一天。

我想要快樂幸福度過每一天，因為我知道有一天我終將死去。生命是一份禮物，每一分鐘都極為珍貴，所以我想要好好把握人生。

而我發現，最不益於身心的就是那些抱怨的時刻。邊做事邊嘀咕、對著電腦螢幕發火、開車時發牢騷、跟別人大聊八卦、抱怨自己的孩子、嘆氣、咕噥、埋怨、碎碎唸……這一切污染了我的生活。而且我也必須坦白說，這麼做並沒有任何益處。

我依舊躺在床上，注視著天花板上的燈，思索自己的人生。我一直是將「生命真美好」掛在嘴邊的那種人，那為什麼要抱怨呢？我並沒有憂鬱傾向，而且身體健康，算得上是樂觀、積極，婚姻美滿，與子女相處融洽，也熱愛自己的工作，可是無論什麼情況，我總能找到抱怨的藉口，帶著空虛、沮喪與疲憊入睡。

就在這時候，我告訴自己：何不乾脆就別抱怨了呢？

沒錯，我知道，我說了「乾脆」。但我現在已經很清楚了，這個挑戰並非如此簡單乾脆。當初的念頭包括探究幸福的概念、閱讀大量書籍，並參加相關研討會，或者是下定決心即刻體驗幸福，而且約束自己，就從連續二十一天不能抱怨開始！看看會有什麼事情發生。

我在美國長居了十年，用二十一天來完成改變生活習慣的挑戰（減肥、運動、戒煙……）相當常見，所以我心想：「有何不可呢？」我會在本書第三部分詳述為什麼是二十一天。

在我決定挑戰自我的當下，其實我還不清楚自己愛抱怨的程度，（等我發現的時候著實大吃一驚！）也不知道成功之後會給自己帶來什麼好處。

我與愛抱怨的人

我之所以挑戰自己的另一個原因，是我發現身邊那些愛抱怨的人有多讓人傷神。只要有抱怨的人出沒在我的生活裡，無論是在職場上或是家中，我都深受影響，我對這些散發負面能量和搞砸我日子的人非常敏感。他們抱怨的話語不是會激怒我，就是會讓我非常同情他們，有時我甚至會感到歉疚，心想是不是因為我做錯了什麼，他們才開口抱怨？

你的身邊是不是也有愛抱怨的人出沒？你聽到這些人抱怨的時候，心裡有何感想？

對我而言，這是一次覺悟的經驗。我對抱怨者的敏感讓我了解，在丈夫、孩子、朋友面前，或是在職場及公司團隊中減少抱怨，是多麼重要的一件事。

如果說其他人的抱怨會讓我不好受，那麼我也應該改變自己。

機緣巧合

我清楚記得自己開竅，並下定決心挑戰的那一天。入睡前的喃喃自語是幾星期前發生的事情，但那時候我還沒有勇氣下定決心。連續二十一天不抱怨，可是個艱鉅的挑戰，於是千奇百怪的藉口紛紛出籠：沒時間、時機不對、沒必要再給自己無謂的壓力、不希望給自己添新的麻煩……

結果有一天，就在和一群好朋友聚會的時候，我開竅了。當時一群人在我朋友莎賓娜家中聚餐，女主人負責招待。一頓美好的週日聚餐，一大群孩子到處追逐，大人則正在享用餐後咖啡。此時，大家開始討論那些動不動就抱怨的人，而且一致認為身邊有抱怨者出沒並不是好事。過程中，我聽見自己脫口而出：「動不動就抱怨的人真的很沒品，而且他們是在浪費時間……」突然間，一個想法閃過我腦海，我領悟到自己正在對著一群愛抱怨的人抱怨！

當下的領悟促使我下定決心付諸行動，擺脫抱怨的惡性循環，改掉讓我頭痛的陋習。於是，「我不再抱怨」的挑戰就這樣誕生了。為此，我製作了一支短片，上傳到部落格，並把連結分享到社群網路，消息就這麼傳開了。幾天後，幾位知名的部落客也轉載了這則消息。後來，法國蒙地卡羅電台（Radio Monte-Carlo, RMC）邀請我參加一個節目，叫做「兩分鐘說服我」，幾個禮拜後，一些平面媒體像是《心理學》月刊與《朝聖者》週刊，都刊出關於我部落格的報導，顯然，對這項挑戰感興趣的不只我一個。而現在，如果你手中正拿著這本書，那表示你對這項挑戰也很感興趣！

我選擇不要默默進行這項計畫，而是透過部落格和眾人分享，高聲宣告自己的意圖，希望能獲得大家的支持。部落格讓我可以天天檢視成果，並與網友、讀者交換心得，從這項挑戰中學習經驗。本書最後提供了一些練習和問題集，讓讀者能夠自我評量，並從中汲取心得。

謝謝你，甘地

從挑戰之初，我能感覺甘地的智慧在引導我：「成為你希望在這世上看到的改變。」重點是改變自己，而不是浪費時間批評他人。如果說抱怨的人會惹火我，那麼我就應該開始停止抱怨，因為空口說教並無法改變世界，但是以身作則可以。我不敢說自己有能力改變其他人，但有件事可以肯定：我可以改變自己。

02 牢騷背後的真面目

二〇一〇年四月，我正式展開挑戰，約束自己每天將一段影片上傳到部落格，而且至少要連續三十天。用意是透過影片檢討自己一天的生活，告知讀者自己是否抱怨了什麼，更要緊的是，嘗試分析一天中發生的事。在拍攝影片之前，我會提出下列問題：

- **如果我抱怨，是什麼原因導致我抱怨？**
- **如果我沒抱怨，是因為我做了什麼改變才沒開口？**

在本章中，我想和讀者分享人在抱怨時，內心世界的分析與研究，以及可以改變自己的方式。我深信，透過清楚認識內在運作的模式、揭露抱怨背後的真面目，以及認清我們抱怨的原因，我們就能夠更了解自己，而且「實實在在」改善自己的生活。

追求幸福

亞里斯多德說過一句微言大義的話：「所有人類活動的終點和出發點，都是為了幸福。」每個人都渴望幸福，這是人生中最重要的追尋。因此，我深信人在一生中所做的一切，都與自身對幸福的追求息息相關，就算開口抱怨，也是為了滿足內心深處對幸福的需求：

- 我們抱怨老闆的時候，表示我們希望滿足自己對尊重或肯定的需求。
- 我們抱怨政治人物的時候，表示我們希望他們的決策中可以納入我們的需求。
- 我們抱怨路上其他駕駛的時候，代表我們在傳達對準時或行車安全的需求。

・我們抱怨小孩的時候，其實代表我們渴望平靜、自由、秩序與休息，而且也表示我們在教養兒女方面，需要對自己有所交代。

我們一早嘀咕著起床，吃早餐前碎碎唸了好幾回，然後在大眾運輸系統或車裡大發牢騷，抱怨小孩、國家、政府、老闆、同事、另一半……總而言之，就是每個人都中槍。可是這種抱怨的態度對我們沒有好處，也不能讓我們變得更幸福快樂。我們會以受害者自居，只是一味提高音量或反覆碎唸（甚至經常還會受到身邊親友的煽動）。

選擇幸福的同時，你是否害怕「與眾不同」？

「更愛幸福不是什麼丟臉的事情。」

——卡謬，《鼠疫》

各位有沒有發現？我們之所以抱怨，通常是為了與目睹我們不幸的人建立聯繫。我們將友誼建立在抱怨的共同點上，彼此扶持，這種現象在職場或公共場合中更是普遍。另外，面對陌生人的時候，抱怨也是我們隨時用來化解尷尬、沉默的方式，例如在電梯裡談論永遠沒有好臉色的天氣，或是抱怨總是誤點的火車、飛機。

由於我的顧問身份，以及我在個人成長領域的研究，每天都有實際例子告訴我，人們在面對各種情況時所選擇的態度，造就了周遭的現實。的確，儘管我們無法決定自己的遭遇，但至少可以選擇反應的態度，而這種態度影響了我們的日常生活和人生。

無論發生了什麼事，無論面對的是痛苦、失敗、折磨或困難，我們都可以選擇自己想要過的生活。我們可以選擇將自己視為一個無能為力的受害者，也可以選擇當一位追求幸福的樂觀者；我們可以選擇消極隱忍，也可以選擇主動積極，享受、讚美生命賦予我們的一切。然而，我卻常看到人們面對選擇幸福這個課題的時候，流露出不知所措的樣子，這是因為我們身邊有太多人，寧可碎碎唸、抱怨，同時以受害者自居。社會上存在一種「發牢騷就對了」的文化，於是到頭來，選擇幸福就等於是宣告自己「與眾不同」。

這種文化迫使我們用抱怨來宣洩沮喪的情緒，不必費心去追根究柢，只要追隨其他人就好，跟其他人一樣發出抱怨。

對我而言，這項停止抱怨的挑戰，突顯出我們想尋求旁人認同自身遭遇的時候，會顯得比較有安全感。太習慣集體抱怨的結果，使得我們認為，如果採取別的作法，反而會讓自己變得不正常，讓自己孤立無援。

正常才能令人安心，我們也知道抱怨會得到什麼回應：得到聆聽者的關懷，對方甚至還會和我們同聲一氣，認同我們的不愉快；抱怨讓我們感到安全。

此外，建構在抱怨基礎上的對談，多是場面話，不必揭露自己，同時也不會威脅到其他人，因為我們並沒有勸誘他人，進行更深沉或更高層次的對話，而不過是泛泛談論一些讓人不愉快的事物，十分安全。

有時我們在平日的噓寒問暖中抱怨，是因為我們相信，如果談論好事、大肆宣揚，幸福就會消失無蹤，或是認為別人會對自己投以異樣眼光，引起旁人嫉妒。於是我們選擇將注意力聚焦在不愉快、不順利的事物上，結果創造出「牢騷饗宴」。一再把重心放在問題上，反而讓自己的人生無端招致更多的麻煩。

你可以親身驗證看看，從早上睜開眼開始就盡情抱怨，你會發現接下來的一整天，將會有各式各樣讓你不得不這麼做的理由。

一味抱怨的結果，我們會忽略真正能讓自己接近幸福的事物，請花點時間，留心隱身在抱怨背後的真相。

小祕訣

・開始挑戰不抱怨時，請試著在早晨醒來後的一個小時之內，不發任何牢騷。選擇幸福，堅持用不抱怨展開一天，你會發現接下來的一整天，將會有各式各樣讓你愉快度過的美妙理由。

・在你經常出入的場所，例如電梯、候車月台或是捷運等地方，留心不要對周遭的抱怨聲浪加油添醋，請勇於與眾不同，就算是在茶水間也一樣！

從明確請求協助開始

有多少次，我一個人在廚房中感到很委屈，其他人都自顧自在忙自己的事，丟下我獨自收拾廚房。我以受害者的姿態在角落裡碎碎唸，一隻手裡拿著菜瓜布、另一隻手拿著掃把。

有時候我們抱怨，只是因為希望有人可以伸出援手，但我們卻寧可碎碎唸，也不願明確表達需求。我從這項挑戰中學到了許多，因為我終於明白，想要停止抱怨，就必須明確表達自己的需要，憑一己之力尋求自身渴望的協助。於是，我決定每晚堅定表明自己需要幫忙，從此家人都在愉快的氣氛中一起收拾餐桌。

有時我抱怨，是因為家中凌亂到讓我看不下去，大家卻又不幫我收拾。我也曾多次表明希望大家幫忙，卻忘了確定他們是否了解我的訊息，要求之後又沒有堅持下去，因為還有其他該做的事令我焦頭爛額。各位對這種情況應該都不陌生吧？還有，我一向習慣站在樓梯旁，命令樓上的孩子：「下來收拾客廳亂糟糟的桌子；下來幫我把洗碗機的餐具拿出來！」當然從來沒有人聽話照辦！但讓人不敢相信的是，多年來我卻一直這麼高聲叫喊，用這種方式請求，甚至要跟我不在同一樓層的人來幫忙，而我還奢望她們會聽見！

其實這種讓人不愉快的情況，完全是我自己造成的。展開停止抱怨的挑戰之後，我才意識到，當面注視對方並請求幫助，同時仔細說明請求的內容，是多麼重要的一件事。

今天，我們家甚至會透過小小的協商來尋求共識：「你還要玩多久？五分鐘？好，那等等你就要準時下樓，因為晚餐準備好上桌了，如果再等下去就會燒焦。」或是：「你還要玩多久？二十分鐘？太久了，再等下去晚餐會燒焦（或涼掉）。如果可以的話，可不可以先暫停一下，待會再玩？」

小祕訣

- 明確、堅定尋求協助。接受協商，並謹記要勸誘他人來幫助我們，而不是採取強迫的方式。

擺脫慣性

檢視你一天的生活或是過去這幾天以來，你是否總會抱怨某件事？這件事一再發生、如影隨形，總是緊跟著你不放？就我個人而言，過去這幾年來的「慣性牢騷」是：「亂七八糟的！」還有「快一點！不然又要遲到了！」

我的部落格讀者也分享了他們經常抱怨的內容。有些是「我受夠了」，或是「很煩耶！」有的則是：「唉，我的背痛！」或是「好累喲！」以下是他們的現身說法。

現身說法

我發現，自從我決定不再說「我受夠了」之後，我也不再將生活視為苦差事，誠如妳所說，這成了一種選擇。總而言之，我覺得自從開始關注妳的部落格之後，我就成功減少抱怨的次數，人緣也變好了。——網友／莎賓娜我的慣性牢騷是「我很累」（我有三個小孩，年紀最小的，最近兩個月開始，才不會在半夜醒來，但他已經快三歲了，我的疲倦也算是情有可原吧⋯⋯），經常掛在嘴邊的結果，的確使得疲倦如影隨形，有天老大甚至跟我頂嘴：「媽咪，妳一天到晚都很累！」之後我就開始留意，雖然我還是經常把這句話掛在嘴邊，但並非總是表達疲倦。

——網友／里爾的克麗絲汀

我的牢騷主要是針對電腦，只要系統運作不合我意，或是網路上找不到我要的資料，我就會忍不住生氣、吼叫、咒罵。最糟的是，如果我忘記儲存檔案，還有因為技術問題或操作失當，導致所有資料消失的時候，我就會完全失控。我每天都在抱怨，但是我也很清楚這不能改變什麼。我親手搞砸自己的生活，卻甚至沒辦法期待，生活會有任何起色，這真讓人扼腕！——網友／保羅是的，我們必須承認，每個人每天都會有抱怨相同事物的傾向，每個人都有時常掛在嘴邊的怨言，只要一點小事就會觸發我們脫口而出。這就是我所謂的「反射性抱怨」，無須深究背後的理由，只要我們情緒稍微低落，想要引起注意或同情的時候，抱怨就會脫口而出。總之，這麼做根本無濟於事。

同樣地，你是否也注意到自己經常會慣性抱怨商家或政府單位？自以為是客戶或公民，就旁若無人般大聲抱怨，提高分貝，寄出理直氣壯的投訴信，火氣很大，只為了獲得商家更好的服務，或是讓自己的權利受到重視，抱怨彷彿成了改變事物唯一的方式。我們選擇以語帶威脅、毫無建樹、一廂情願的口吻爭辯，只為了主張自己的觀點，或是以受害者的身分自居，一再抱怨。

就我個人的經驗來說，我發現停止抱怨之後，大大改善了我和商家，以及工作上和我有往來的政府機關之間的關係，我的冷靜和決心成了優勢。有問題的時候，我會秉持堅決的態度處理，但絕不抱怨。我的姿態是希望尋求一個解決方案，並樂意傾聽各種建議，這麼一來，我們就能表現出一種尊重他人、同時具有建設性的心態。

小祕訣

・找出你的「反射性抱怨」，並在挑戰初期嘗試將注意力放在上頭，連續幾天，慢慢減少說出這些句子的次數。如果有必要，請試著緩解挫折的情緒。例如，如果你背痛，就停下來去做伸展運動；如果你經常遲到，就強迫自己提早十分鐘出門。

現身說法

我從事的是服務業，經常會遇到一些不高興的客人，原因是公司在作業過程中難免會造成一些錯誤。有些客人會習慣性跟我們抱怨，內容毫無建設性，只是心想，這是可以從我們這裡得到某些補償的唯一辦法；有的則會向我們指出問題所在，尋求我們的幫助來解決問題。最後，我發現公司總會幫助那些不抱怨的客人找到解決方法，而那些抱怨的人則始終走不出困境。——網友／奧利維耶

搞笑式牢騷

我們會用抱怨的形式表達嘲諷或幽默，藉此引起注意，只要能令人發笑，我們負面的言詞就有了正當性。的確，有時候這種話還滿好笑的！每個人都喜歡人生中有大風大浪，但是我們仍然是用抱怨的態度來面對，藉此告訴其他人，抱怨也可以理直氣壯，我甚至聽過，有人用搞笑的口吻描述其實非常嚴重的事情。我們用幽默的外衣來包裝負面的言詞或嚴厲的評斷，但訊息本身，或那種凝重的氣氛，卻依舊存在。

小祕訣

- 記下你用搞笑偷渡抱怨的次數，然後學習區別真正的玩笑，以及那些背後蘊含嘲諷、挫折或負面評價的搞笑。

抱怨與屈服

我們覺得自己是受害者，而且找不到解決問題的方式。我們寧可自怨自艾，心想反正情況已經無可救藥，總之只能舉手投降。我們發展出一套道理，認為其他人都是壞人，必須提防這些人，因為「真正的價值」已經消失。我們以偏概全，對自己的處境感到不自在，並試圖揪出一個罪人。

這樣的反應看似無傷大雅，但卻會把我們推入某種惡性循環：我們屈服的時候，等於是讓自己卡在當下的困境裡，情況不會有任何改變，反而是每下愈況。我們失去信心、扼殺希望，完全無法相信任何人事物，人生失去了意義。我們助長了生命危險的那一面，而不是慷慨的那一面。

透過抱怨來出風頭

「這些人都是白癡、混帳，他們都不懷好意！」

「可是你知道嗎，他們可能也是這樣說你！」

「是喔！那這些人還很愛說壞話！」

——格呂克（Philippe Geluck），《漫畫貓》

我們貶低他人（路上的惡劣駕駛、工作的同事、上司等等），藉此突顯自己比他人優越，但這恰巧表現出自己非常需要認同，同時缺乏自我肯定。

在停止抱怨的挑戰中，我曾多次面臨到這種情況。我之所以抱怨，為的只是告訴自己：「我啊，我比他們好。」如果有輛車不禮讓我，我就會把駕駛當作是惡劣的用路人；如果櫃台人員無法解決我的問題，我就會認為對方沒有能力。

人類對認同有迫切的需要，千萬不能等閒視之。心理學家亞伯拉罕・馬斯洛（Abraham Maslow）在界定動機生成的方式時，對這一主題非常感興趣，為此，他以大學生為對象進行深入研究，並歸納出著名的人類需求層次理論，以金字塔呈現，如下圖。

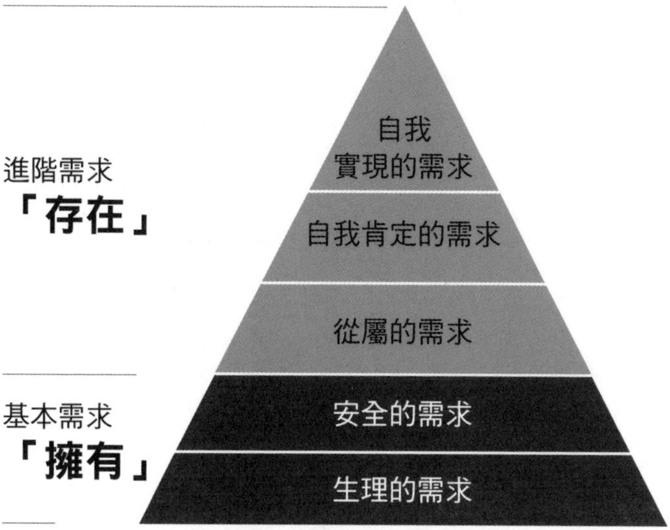
進階需求
「存在」
基本需求
「擁有」
自我
實現的需求
自我肯定的需求
從屬的需求
安全的需求
生理的需求

馬斯洛的需求金字塔

根據馬斯洛的理論，唯有在金字塔中的基本需求獲得滿足時，才能進一步讓更高層次的需求獲得滿足。他認為在滿足自我實現的需求時，首先必須完成從屬和自我肯定的需要。然而，今天我們無論是讀書、工作、實踐計畫，總而言之，就是在所有可能滿足自我實現需求的處境中，完全是以時速三百公里的疾速度過。我們訂定目標和完成期限，因為我們希望成功、出人頭地，讓別人知道自己的才能和能耐，但遺憾的是，我們經常無法拿出自己最好的一面，於是我們開始遷怒他人、開始抱怨，因為我們對自我肯定和他人肯定的需求無法獲得滿足。

首先必須滿足自我肯定的需求，其次才是自我實現（絕不可逆向操作！）。期待自己在達成目標後，因地位和名聲而獲得旁人的肯定，是非常困難的一件事，因為很多時候，條件並不允許我們達成這些目標。舉個例子，想像你的自我認同很薄弱，但你嘗試透過升遷來獲得認同，於是你將一項重大計畫攬在身上，心想可以藉此獲得認同和拔擢（自我認同也能因此提高），不過你會發現，自己很快就疲於應付，而且無法完成如此重要的計畫，更遑論獲得升遷，因為你開始懷疑自己，一再拖延，而且很可能因為工作成果毫不出色，無法展現自己的潛能而毀了自己。相反來說，如果你能夠在日常生活中積蓄自我肯定的能量，你就會擁有更多進行自我實現的資源。

自我肯定的積蓄量過低時，我們就會抱怨，因為抱怨是突顯自我價值，同時獲得肯定的一種方式。為了獲得認同，我們會試著擺出高姿態，並與旁人保持距離，開口說出如下的句子：「我早就說過這個點子非常可笑，你們從不把我的話當一回事。」或是：「這些人到底會不會開車！」（言下之意：「我啊，我最會開車了！」）抱怨是一種激發認同和肯定的策略，我們擺出高高在上的態度，希望引人注目。一般而言，我可以說，你提到「這些人」的時候，就代表你正在抱怨，好引起旁人的注意。

本書的挑戰衍生出一個重要的問題：如何不靠抱怨就能夠獲得認同，並提升自我肯定？何不就從多讚賞自己一點開始？何不每天多花點時間，肯定自己完成的事情，就算只是小小的成就也好？

現身說法

我們無法改變世界，無庸置疑。所謂的「這些人」，不會為我們而改變，我們也是「這些人」眼中的旁人，我們也不見得會順應他們而改變。啟示：停止抱怨「這些人」，試著聰明過活，包容彼此意見的差異，同時以樂觀的態度期許，「這些人」不再抱怨我們！

——網友／蕾蒂希亞

小祕訣

- 每天多花一點時間，肯定自己所完成的事情，而不是操心那些待辦的事項。
- 不時問自己最自豪的地方是什麼？你可以把這些長處寫下來，然後貼在鏡子上，或是你很容易就看到的地方。

透過抱怨讓更多人認同自己的觀點

涉及政治事務時尤其如此。好比罷工或抗議的時候，或是無法讓別人傾聽自己的所有場合，於是我們選擇傳遞受挫的負面訊息，藉此吸引旁人對某項議題的關注。我們透過抱怨來號召人群，然後訴諸抗爭。我們以為抱怨的音量愈大，就愈能號召更多的人加入自己的陣營，讓造成這種局面的「罪魁禍首」、應該負起責任的人，愈來愈不得不改弦更張。

談到這裡，我始終忘不了二〇〇四年的春天。當時我在洛杉磯負責一個古董展的工作，藉此賺一點小錢，一位知名的巴黎古董商雇用我，幫他尋找精通英法文的人員接待客戶。當年是第一屆古董展，主辦單位顯然沒有吸引到足夠的參觀人數，每天上門的都只是三三兩兩的零星民眾。到了第三天傍晚，三十多位參展的攤商聚在一起，研擬行動方案，嘗試尋求能夠招攬更多客人的辦法。大家一同集思廣益，才過了半個鐘頭，其中一位突然開始抱怨，甚至吼了起來。顯然，他認為提高音量並揪出罪魁禍首，就能讓情況好轉，結果當然是事與願違，剛才大家集思廣益的魔力頓時消失無蹤，吼叫與牢騷完全摧毀了團隊合作的精神。最後，參展攤商不再試圖尋找問題的解決之道，而是把力氣用在如何安撫抱怨的人，以及思考要選擇站在哪一方。衝突終於浮上檯面，結果我們什麼事都沒有辦成。整個星期都浪費在不停抱怨展覽有多失敗，以及指責罪魁禍首，真是可惜！

透過抱怨來反抗

「一心一意瞄準月亮，就算錯過了，你也將降落在群星之中。」

——萊斯・布朗／（Les Brown）美國作家

有些人讀了我的部落格之後，試圖向我證明，抱怨也能夠引發正面的改變，讓人能夠凝聚反抗的力量、主宰自己的人生、改變不如意的處境。但是在我眼中，這一切跟抱怨無關。其實我們必須懂得區別，自己何時會以弱勢受害者的身分自居而抱怨，以及我們何時會訴諸力量、行動，與打造美好明天的決心來進行抗爭。

我當然贊同不能安於受害者的角色，而且，遭遇不如意的事情時，必須採取行動去改變。的確，體察存在於社會中的倒行逆施，並質疑這些行徑是很要緊的事，然而，我深信抱怨本身對改變的過程沒有任何助益。在這裡我想向各位說明，如何改變自己看待這個議題的觀點。

當初馬丁・路德・金恩在華盛頓大遊行面對成千上萬名的民眾，並不是為了高喊：「社會對待我們的方式，真是令人髮指！」不是，他是在跟大家分享自己的夢想，有一天，不同種族的孩子都能夠和平、安康共同生活，一起玩耍。金恩博士的演說改變了世界，他在訴說夢想的過程中，讓人們意識到，創造一個更美好的明天是可能的，同時成功號召群眾參與他的運動，改變這個世界。

如果你想要改變，你也必須懷著清楚而明確的認知，解決自己人生的問題之後，你的生活會變成什麼模樣，然後嘗試實踐這樣的改變，這一切跟抱怨是絲毫沾不上邊的。

但也不要因此而「執著」於心中預想的結果，或是事物必須呈現出來或發生的精確模樣，因為你勢必會遭遇阻礙、牽絆或是繞了遠路。不過最要緊的是，堅持自己的理想，同時實踐必須採取的行動。

德蕾莎修女當年拒絕參加反戰遊行的邀請，也體現出與其抱怨不如正面思考的道理。後來，她表示自己倒是非常樂意參與一個訴求和平的遊行。

同樣地，我有機會在美國認識一個名叫「和平聯盟」（The Peace Alliance）的非政府組織，其訴求是要在美國政府中成立一個和平部。讀者可以想想，成立一個以確保和平為宗旨的部會，而不是一個確保國家能贏得戰爭的部會。

所以如果你遇到某件令你震驚，同時你也無法接受的事，請停止抱怨，然後仔細勾勒你心目中的理想境界，號召旁人來參與一個創造美麗新世界的計畫。現在就採取行動，創造一個更美好的明天！

小叮嚀

我們抱怨是因為……

- 想要保有自己的幸福，卻採取了一個吃力不討好的策略。
- 想讓自己和所有人一樣。
- 我們需要幫助，卻寧可自己煩心也不願明確求援。
- 出於慣性。

- 想搞笑或耍幽默。
- 我們屈服了。
- 想引人注意。
- 想讓更多人認同我們的觀點。
- 想抗爭。

第二部分

過程中的收穫

03

選擇幸福

我們在遭遇不愉快並想要改變這種情況的時候，就會抱怨，但是抱怨通常無濟於事（而且適得其反），再說，改變處境似乎也不見得是通往幸福最快的捷徑。

從不再抱怨這項挑戰中，我學到了一件事：無論面臨何種處境，想要減少抱怨，就必須願意選擇幸福。為了寫這本書，我進行了一些研究，發現幾位著名的心理學家（之後會有詳盡介紹）的確也同意，人生境遇並不會對個人幸福造成影響。最重要的，反倒是下定決心改變心態，無論眼前面對的是波折、是困難、是阻撓，還是挫敗，都要淡然處之。

不需要贏得樂透大獎也能停止抱怨

「幸福啊，不在金條裡，而是在銅板裡。」

——貝納巴爾（Bénabar）／法國歌手，出自歌曲〈小銅板〉

我想到哈佛大學心理學教授，同時也是暢銷書《快樂為什麼不幸福？》的作者丹尼爾・吉伯特（Daniel Gilbert），以樂透大獎得主為對象所做的一個知名研究。內容指出，樂透得主在一年之後幸福或不幸福的程度，與改變他們人生的頭彩開獎之前並無不同。本研究值得注意的地方，在於那毫無改變的「幸福程度」，也同樣適用於遭逢重大不幸的情況，尤其是在成為半身不遂的人身上。總而言之，經過一段時間之後，每個曾經遭遇喜訊或噩耗的人，幸福程度都和事發前一樣。無論「外在」情況是福是禍，都不再有任何影響，當事人對於現狀的滿足或不滿，完全和從前一樣。這項研究告訴我們，幸福與否並不是取決於我們的處境。無論你是富有或潦倒、健康或有病痛、有工作或沒工作，這些都和個人的幸福無關，真正有關的是，我們選擇「接受」這些情況的態度：是淡定、樂觀、積極、堅決，還是選擇消沉、緊張或委屈。

幸福的程度也取決於我們選擇專注的重點，羅杭・古內爾在本書的推薦序中，引用美國的俗語說：「你會放大自己專注的東西。」所傳達的也是一樣的道理。我們可以選擇讓煩惱和問題佔據自己的生活，也可以選擇放慢步調，品味生活中的美好事物。無論處境為何，我們都能夠汲取幸福，為幸福保留更多的位置，然後享受此時此地的幸福。

或者我們也可以卯起來抱怨、嘆氣、懊惱、叫嚷……但這對於改善處境、提升幸福，完全無濟於事。不必期待處境終將否亟泰來，因為幸福最終仍是來自我們看待日常細微事物的態度。不妨放緩腳步享受陽光，享受晨醒時的鳥鳴，還有周遭親友的關愛，以及在工作上一展長才的機會。

幸福是可以學習的

剛才說過，經過一段時間後，外在情況對個人的幸福並沒有任何影響，因此埋怨錢不夠、身體不好，或其他問題，完全於事無補，總之就是無法讓自己更幸福。但是話說回來，為什麼有些人就有辦法比其他人更幸福？幸福是與生俱來的嗎？在生活中的小事物裡洞見幸福，是種天生的才能嗎？因為有些人似乎天生就快樂不起來，對有些人來說卻又輕而易舉，實在很不公平。

關於上述這些疑問的答案是對也不對。美國明尼蘇達大學的大衛・李肯博士（Dr. David Lykken），曾研究過被共同或分開扶養的雙胞胎，證明幸福的感覺有一部分的確是受到基因制約，但是仍有一大部分允許我們主動學習，讓既有的幸福發揮更大的效果。他的研究顯示，個人幸福的程度約有百分之五十是取決於基因，而其中僅有百分之十，與個人情況的差異有關（社經地位、健康與否、富有或貧困、已婚或離婚、是否有兒女等等）。因此，仍有百分之四十的額度供我們爭取！無論你是牢騷不斷的慢性不滿足患者，或是把一切都看得很美好的樂天派，部分原因是你天生就是如此，這點無可否認；但更要緊的，是個人幸福的程度，仍有很大部分取決於你的想法、情緒和信念，而這些因素的出現與環境息息相關，所以改變是可以實現的。想要改變，就必須慢慢學習擺脫既有模式，從內在著手進行徹底的改變。

再次強調，幸福之道掌握在自己手裡，而不是一般認為的必須向外探求。關鍵在於追求幸福的同時，改變自己看待周遭環境（無論其優劣）的態度。

「停止抱怨」的挑戰：重新設定自我的工具

「信念會成為想法，想法會成為言語；言語會付諸行動，行動會養成習慣；習慣會豎立價值，價值會成為宿命。」

——甘地

改變對人生的體認並不是一蹴可幾，接受不再抱怨的挑戰，就是選擇重新設定自我。要改變看待日常生活的態度，我們勢必要學習以不同的方式思考、接受事物，尤其是學習選擇我們希望傳達給他人的訊息。

我們的言語對生活和周遭的人影響甚鉅，這是不爭的事實。我們的言語滋養著我們的信念。一再抱怨的結果，會造成我們終將被自己的言語說服：其他人都是笨蛋、人生很苦、沒人會幫助我們、所有的努力都是白費、我們筋疲力盡、疲憊不堪……最後，抱怨影響我們的行為舉止，追根究柢，也就會影響我們的人生。無論如何都不可輕忽言語的重要性，因為我們的世界是由言語所構成的。

因此，「重新設定」我們看待人生、旁人和自己的態度，是非常重要的一件事。藉由改變反射性的語言反應，逐步調整自己長年根深蒂固的想法和感受。

「停止抱怨」的挑戰能夠幫助你達成上述目標。儘管剛開始，你會覺得這是個難以克服的挑戰，但很快你就會發現，在擺脫抱怨這種陋習的過程中，你其實正在進行「自我重建」。抱怨最大的問題，就在於會創造出大腦一再依循的思考和行動模式，而且這些模式會逐漸成為一種主導的反應模式，並完全排擠其他可能的反應模式。另外曾有研究*指出，至少必須經過十次學習，

*參考網路文章〈心智的習慣〉（*Habits of Our Mind*），作者為肯・弗立克（Ken Ferlic），文章連結：http://ryuc.info/creativityphysics/mind/habits_of_our_mind.htm

才能初步養成一種新的反應模式。因此，本書提出的挑戰才顯得如此重要，因為這項挑戰能幫助你「實踐」、「學習」，以及「自我重建」，顧名思義，就是在腦中創造新的連結，你既有的反射、習慣會逐漸消失，直到完全根除。往後，「不再抱怨」對你來說就會是輕而易舉，因為新的行為方式已經深深烙印在你體內。你的「抱怨肌」將會逐漸鬆弛，「幸福肌」則愈發強健有力。原本看似不可能的挑戰，後來順理成章成為你的第二天性。

學習活在當下，而不是評斷過去或想望未來

「人生中最美好的那些年，是你接受自己的問題都是自己造成的時候。你不會遷怒母親、責難環境、怪罪總統，因為你知道你有能力掌握自己的命運。」

——亞伯・艾里斯博士（Dr. Albert Ellis）／心理學家

德裔作家艾克哈特．托勒（Eckhart Tolle）崇尚注意力的精神價值，他在著作《當下的力量》中表示，身為「受害者」（亦即對他人施加於我們的作為感到無能為力），就表示自己相信過去的力量凌駕於當下，認為他人及其加諸於我們的作為，必須為我們當下的處境負責。我們放任自己耽溺在受害者角色自怨自艾時，很有可能會迷失自我，並與幸福擦肩而過。我們一股腦指責他人，當初應該或不應該做什麼，卻忘了我們的力量其實是在當下。請將自己的注意力專注在「現在」與「馬上」，因為這才是真真實實的存在。

無論你接不接受，當下就在你眼前。我們可以不認同、可以秉持異議，但只是一個勁抱怨，是拿當下沒有辦法的。抱怨讓人疲憊，抱怨搞砸我們的人生，抱怨只不過是讓我們有藉口，放任自己當個消極的受害者。本書提出的挑戰是為了引領你，以負責的態度去了解、度過你的人生。請停止抱怨，好好選擇在當下這一刻，你想要成為什麼樣的人。

小祕訣

・請將下面的訊息貼在冰箱上：「逝者已矣，來者尚不存在，所以請停止抱怨發生過的事，或期待你想發生的事，把握既有的當下，因為人生很美好。」

學習放下負面思考

「如果你稍微放下，就會擁有稍稍的平靜；如果你大大放下，就會擁有大大的平靜；如果你完全放下，那就會擁有完全的平靜。」

——阿姜查・波提央（Ahahn Chah Subhatto）／泰國高僧

部落客拜倫・凱蒂（Byron Katie）在她的網站上說，想法本身其實並無害，除非人太過於執著。因此，她鼓勵大家，面對信以為真的東西時，先保持適當距離，然後對自己的想法提出質疑。透過這種方式，我們才能放下內心的防備，不再敵視我們遭遇的處境，以更正面的態度接受，然後把注意力放在尋求解決之道上，無論面對的是意外、失業、行車過程中的麻煩、遲到，或是健康上的問題，凱蒂認為：「讓人痛苦的並不是想法本身，而是我們對這些想法的執著。」如果我們放任自己抱怨，就等於是讓負面想法有了生命，這些想法會透過抱怨，干涉我們的談話、人際關係，和日常生活，進而漸漸取代我們的生活，成為我們認同的想法，到最後，我們就對這些想法深信不疑！

想要成功挑戰自己，最重要的就是跟自己的抱怨保持距離，避免讓抱怨如影隨形，佔據我們的心思。我們必須學習放下，學習質疑自己抱怨的內容。但我向各位保證，這並不表示要壓抑內心負面的想法，我自己也很清楚，要避免這類想法的出現是不可能的事情，再說這也不是本書的宗旨。

人類大腦是個超級活躍的器官，一整天當中可以催生各式各樣的想法，而且念頭來來回回，連當事人都無法察覺。這些念頭以千軍萬馬之勢降臨，我們根本無力阻止，其中有些是正面的想法，有些是負面的想法，但這都不打緊，因為想法並不會對我們造成傷害，不過是待在我們腦中而已。所以在停止抱怨的挑戰過程中，腦海中發的牢騷並不算數，只要等心中的嘀咕過去之後，我們仍舊可以繼續過活。

但是一旦開始執著於這些想法，賦予重要性，並透過抱怨傳達出來，傷害就會產生。從執著的那一刻開始，我們等於是讓負面想法在我們的人生中停泊，放任負面想法登堂入室。而本書的用意，就是鼓勵大家找到一方健康的空間，讓負面想法可以自由存在，幫助我們卸下心中的重擔。

接下來最重要的，就是學習讓負面想法自由來去，如常度過自己的生活，而不要執著在自己所遭遇的挫折！

重點並不是否認自己的情緒，恰恰相反，是要讓自己慢慢感受這些情緒，這一點非常重要。但是接下來就必須學習放下，不要執著腦中負面的情緒、不要鑽牛角尖、不要放任自己抱怨，不知不覺在言談間賦予負面情緒生命力！

為了幫助讀者進行放下的程序，建議各位參照本書的附錄練習：「運用瑟多納方法學習放下」。

的確，我們有時會有反覆想起煩惱的傾向，因為人類大腦的運作就像是一張刮壞的光碟，會一而再、再而三跳針，幾乎可以持續一整天。只要我們成天都在嘀咕，或表達這些抱怨，這些念頭就會阻礙大腦繼續發展其他想法。

關於這方面，文化人類學家安琪莉絲・艾琳（Angeles Arrien）表示，某些原住民文化鼓勵族人說出內心故事，但是次數不能超過三次。這些民族意識到，釋放自我、和親友分享，以及說出內心故事、內心痛苦並獲得同情，這些動作的重要性。只不過不能夠超過三次，一旦超過，就代表當事人始終困在受害者的角色之中。三次就已經足夠，超過就表示自己太過依賴「戲劇張力」（各位應該曉得，就是我們有時在人生中傾向發展出來的表演需求），表示我們不知該如何正確定位這種受害者的程度。想要擺脫這種依賴，就必須懂得抬高單車的龍頭，保持高度、保持距離，以不同的方式看待事物，尤其要保持寬宏大度，原諒自己不夠完美，同時寬恕他人。如此一來，我們就能夠獲得解脫，自由自在繼續自己的人生道路，同時開始徹底正視、體驗生命中美好的經驗。

小祕訣

・想要擺脫挫折的情緒，你可以透過下列管道來抒發：寫日記、做運動、到附近散步、用有益的態度和朋友分享，或是在有需要的時候，尋求專業醫師的幫助。

・各位也可以紀錄一下，自己何時將相同的故事重複訴說超過三次，如果做不到的話，也可以去找一個願意主動傾聽的對象，然後在他面前把故事說最後一遍。接著，將你抱怨的內容寫在紙上，點根蠟燭燒成灰燼，或是撕成碎片丟到垃圾桶裡。紙張消失後，你就可以多說幾次：「我放下了，我可以自在享受人生。」

在想要控制一切的念頭中學習放下

正值二十一世紀初期，生活步調迫使我們必須不斷表現出最好的一面，總是得把事情處理得井井有條。對多數人而言，我們最重要的願望，就是擁有成功的職場人生、祥和的家庭生活，和供自己運用的時間與健康的身體。

旁人的眼光或社會的「教條」，迫使我們的要求必須愈來愈嚴苛。工作與私生活的界線逐漸模糊，行事曆記載的事項再也無法公私分明。每件事都必須處理，但是再努力，也無法擁有均衡的生活。會議、運動、家庭、等待完成的工作、該添購的生活必需品……等等，我們的時間極為寶貴，每一天都得跟時間賽跑。

想要成功處理每一件事，我們就需要掌握每個環節，於是對於突發狀況和阻礙的容忍能力變得十分有限。因此，在面對預料之外的情況時，我們就會感到非常挫折，因為我們的步調、對均衡的追求受到拖延和打擾，這時候我們就會開始抱怨。

無法掌握周遭的一切多麼令人沮喪，尤其是我們身邊的人。沒錯，人生並不是一齣可以讓我們任意更換布景的舞台劇，而我們也無法像導演一樣控制其他人。在多數情況下，事情通常很難盡如人意，就算我們清楚知道什麼對自己有利，但很遺憾，我們並無法決定自己的遭遇。我們以為自己可以控制旁人，或控制人生的時候，其實完全是自我感覺良好，於是隨之而來的挫敗感也更為強烈。

停止抱怨的挑戰讓我明白，無法像操縱傀儡般使喚別人，是很正常的一件事，而且我們還應該了解：

- 沒錯，其他人也是人，一廂情願以為他們會對自己言聽計從，這樣不切實際。
- 沒錯，有時候事情會有所耽擱，其他人會介入干涉，表達他們不能苟同我原本安排的時程。
- 沒錯，有時候其他人還沒有準備好，想要慢慢來。他們有不同的看法，他們還需要摸索、思考，有時甚至會想要採取不同的方式。
- 沒錯，我們不是萬能的。（真是遺憾啊！）

遺憾歸遺憾，但我卻不會怨天尤人。愈少抱怨，我愈有機會達到當日設定的目標，而且臉上還掛著微笑。

接受自己偶爾也會不知該如何是好

應該承認我們經常不知道什麼對自己最好。我們希望能夠準時赴約，卻又在堵車的時候抓狂，心中嘀咕著這次會面非同小可（也可能其實沒有那麼重要，我們卻小題大作），然而我們卻不會想，說不定就是因為被塞在車陣裡，我們才能僥倖逃過一場車禍。我們總是著急，不想乖乖排隊，但說不定排在自己後面的仁兄，正是個值得認識的貴人。有時我們會覺得自己真的很倒楣，覺得自己運氣真背，每件事都跟自己作對，有些人遭逢失業時，還碰上了家庭問題、健康欠佳，彷彿屋漏偏逢連夜雨，面對這些遭遇，我們難免會覺得自己流年不利，但是追根究柢，我們真能百分之百明白，什麼才是對自己有好處的嗎？全盤掌控自己的人生並全權操之在己，真的對我們有好處嗎？

這裡有兩則發人深省的小故事（我並不清楚出處）。

賢臣的忠言

很久以前，一位國王身邊有位賢臣，他經常提醒國王：「發生在陛下身上的一切，都是為了陛下好。」然而在一次遊行中，國王大意鬆開了手中的軍刀，切斷自己一根腳趾，他氣急敗壞衝到賢臣的家裡，質問說難道這起意外也是為了他好？賢臣仍一再表示：「發生在陛下身上的一切，都是為了陛下好。」國王頓時大發雷霆，覺得賢臣的話冒犯了自己，決定將他打入大牢。

一段時間後，國王在隨從的陪伴下外出狩獵。一群人在廣邈的森林裡沒一會就走散了。夜幕降臨時，只剩下國王一個人，而且還迷了路，儘管他大聲呼救，卻沒有任何回應。他四處尋覓想要走出森林，但徒勞無功。就在氣力用盡之際，國王瞥見一盞燈火，心想：「得救了，我得救了！」國王往燈火走去，發現了一個他不曾聽說過的部落。國王自我介紹，表示這片森林歸他所有，只要有人願意帶他返回王宮，就能獲得可觀的獎賞。

然而事情卻出乎國王意料之外。原來這些部落居民並不懂國王的語言，而且態度非常不友善，國王這才明白自己落入食人族之手，之前曾有士兵跟他提起過這個部落。食人族開始進行準備工作，之後就要大快朵頤。首先將國王的衣服剝光了，就在這時候，食人族發現國王的腳有缺陷，而食人族不吃殘疾之人，所以儘管國王看起來非常可口，他們還是不得不將他放了。

經過長途跋涉，國王好不容易回到了王宮，而且第一時間釋放了那位賢臣：「真的，你說對了，就連那次的軍刀意外也是為了我好。不過我還是很懷疑，難道你這幾個星期坐了苦牢，也覺得對自己有好處嗎？」賢臣回應：「啟稟陛下，發生在微臣身上的一切，都是為了微臣好。如果微臣沒有坐牢，勢必會跟隨殿下出獵，而我絕對會去尋找殿下的下落，那結果一定是我們兩個在食人族部落相見。可是我，我的十根腳趾頭都還健在啊！」

是福？是禍？

一位年邁的農夫擁有一匹負責犁田的老馬。有一天，老馬逃跑到山野裡去，老農夫的遭遇讓鄰居非常同情，但農夫卻表示：「是福？是禍？誰曉得呢？」一個禮拜後，老馬從山林裡返家，同時還帶著一大群野馬。這一回，街坊鄰居都前來跟老農夫道賀，後者仍舊回答：「是福？是禍？誰曉得呢？」之後，老農夫的兒子想要馴服其中一匹野馬，而摔斷了腿，所有人都覺得他運氣不好。老農夫依然沒有改口，還是說：「是福？是禍？誰曉得呢？」過了幾個星期，軍隊來到村莊，強徵身體健壯的年輕男子入伍，老農夫的兒子因為斷了一條腿而不必被徵召。這究竟是福？是禍？誰曉得呢？

國王身邊的賢臣和老農夫給予我們的啟示，也適用於我們日常生活中會遭遇到的小煩惱、不順遂、延遲耽擱和其他不愉快的經驗。

以下就是我如何在挑戰中親身實踐的經驗分享。

現身說法

挑戰進行中的某一天……

今天我要帶三個女兒出門，雖然距離不過只有一百公里，卻像是要舉家遷徙般艱辛。三個黃毛丫頭明天要和外公外婆去度假，而我則打算待在他們的巴黎寓所工作幾天。今天早上光是備妥所有物品和整理行李，就花了我一個半鐘頭的時間。首先，我看到還有髒衣服，就丟進洗衣機裡，然後開始搜尋小孩的襪子，同時找齊她們最愛的絨毛玩具，並挑選她們應該攜帶的衣物。

接近中午的時候，一切似乎已經備妥，行李也收拾妥當，只剩一些小事要處理，但一切都在我掌握之中。接著，我們全家人先外出度過幾個鐘頭的悠閒時光。接近下午四點，我覺得應該可以上路了。

不過，其實在我發動引擎前，我又多花了一個半鐘頭。在這段時間裡，我一直努力克制自己放下執念、不要抱怨。當時我感到十分挫折，因為在我看來十分簡單的收拾行李，卻花了我比當初預期更多的時間，總是有做不完的事。

記得要帶電腦和充電器（不然我可就麻煩了！）、還有洗衣機裡的衣服（竟然奇蹟似地自動開始烘乾程序！）、尋找小女兒忘在家裡的鞋子（可是究竟在哪裡？）、突然發現攝影機竟然被忘在院子裡、不要忘了整理孩子的房間、找到女兒大喊著要我找出來的CD（因為那是表姐特別送給她，旅途中可以在車上聽的）……結果在出發前一刻，我竟然發現草皮上還有一件溼掉的泳衣。

這一切還伴隨著孩子突然開始緊張的情緒，因為知道自己即將離開熟悉的環境，所以每一個都緊黏著我不放。

是的，我超想發牢騷；是的，我很想抱怨。我可以感受到體內一股壓力持續升高，因為計劃始終趕不上變化，一切似乎就要失控了。

不過，我立刻放下心中執念，同時告訴自己，無論如何一切仍舊還算完美。這樣的做法拯救了這一天。

- 我以為可以在四十五分鐘內搞定出發，但卻事與願違。
- 我原本想避開週末的車潮，但卻弄巧成拙。
- 「千萬不能遺漏任何東西」，這個念頭讓我覺得無助，簡直分身乏術。
- 孩子的請求和需要關愛的表示，令我左右支絀。

但到頭來，我告訴自己：

• 反正無力改變當下的情況，那麼就多花一點時間。
• 如果塞在車陣中（雖然每個人都提醒過你，千萬別在下午五點後上路），其實也沒什麼大不了的。
• 一切都會很順利，一切都在掌握之中。（最後我跟孩子一起在車上說笑、聽音樂、玩遊戲。）
• 一步跨出一步，盡其在我，沒有什麼天大的事情值得抱怨。
• 你應該也不樂見美好的一天被自己毀了吧！

就這樣，我又度過了不抱怨的一天！

如果旁人激怒我們的時候

挑戰開始之後，我們很快就會發現，自己之所以會開口抱怨，其實都是別人造成的！我經常稱之為「罪魁禍首」。人性沒有那麼簡單，有時旁人的確會對我們造成傷害，我們無法理解他們的反應，我們害怕自己沒有受到尊重，害怕受到排擠，旁人令我們感到挫折、感到壓力，他們讓人出其不意，讓人失望，面臨上述情況的時候，真的很難不抱怨。

美洲印地安人流傳一個營火的故事，在我進行不抱怨的挑戰時，給了我很多幫助。

兩匹狼

有個年輕人遭到朋友不公平的對待，因此氣憤不已，他的爺爺對他說：「讓我告訴你一個故事。有時候，我也會仇恨那些行為不當卻不知悔改的人，但是仇恨只會讓自己枯竭，卻傷害不了你的敵人。這就好比你自己服毒，卻希望敵人被毒死一樣。仇恨這情緒常讓我十分掙扎。」

「這就好像我身體裡住著兩匹狼：一匹是善良的狼，完全不會傷害我，跟周遭的環境和諧共存，在不需要氣惱的時候絕對不會氣惱，唯有在理由正當的時候，才會挺身抗爭，而且手段也是正當的。」

「但是另外一匹狼，哎呀，牠全身上下怒氣沖沖，一點小事就會令牠暴怒。無論對象是誰，無論何時，牠都可以毫無理由發怒。巨大的憤怒和怨恨，令牠無法思考，只是一股腦發火，殊不知憤怒無濟於事。」

「要應付我體內的這兩匹狼並不容易，因為牠們都想要主宰我的思維。」

年輕人專注看著祖父的雙眼問：「那麼，是哪一匹狼佔上風呢？」

爺爺微笑，並緩緩回答說：「是我們會餵食的那匹。」

各位，你餵食的又是哪匹狼呢？你是不是常常因為旁人對你的所作所為，感到被冒犯而生氣呢？你是不是常常不高興呢？是不是常常覺得自己遭到評斷、排擠、指責，和忽視呢？你是不是很想懲罰那些傷害你的人？或者你選擇用拒絕跟他們溝通來保護自己？

兩匹狼的故事告訴我們，如果心中懷抱憤恨，並執著於這些不滿的時候，我們傷害的其實是自己，因為到頭來，是我們自己選擇緊握這些痛苦不放。我們變得極為敏感，一點風吹草動就會發作。總而言之，我們沒有任何防備，成了自己憤怒情緒的囚徒。

不抱怨的挑戰是鼓勵讀者，去餵食那匹和周圍的人和諧共處的狼，也就是那匹能夠以健全心態進行建設性溝通的狼。牠態度正當，擁有透過寬恕來追求心靈自由的勇氣；牠有責任心，而不是以受害者的心態自居；牠決定不讓旁人的態度影響自己的情緒，無論旁人的言行為何，牠都優先選擇幸福與淡定。

我鼓勵讀者去審視心中的狼，在自己現在的生活中，是哪一匹狼佔了上風？同時問自己是否滿意這樣的結果？是否符合自己的期待？

如果你渴望的是平靜的生活，那麼我建議你戴上手環，即刻展開不抱怨的挑戰，不要再等到明天，現在就接受挑戰、迎接挑戰。每一分鐘、每個成功與每個失敗，都會為你開闢一條通往平靜人生的道路。

小叮嚀

- 別再以為自身的幸福是取決於外在的環境。
- 學習讓自己快樂，利用這次挑戰，重新建立正確的觀念。

‧勇於面對人生，盡情度過每個時刻，我們才能體會人生多彩多姿的面貌。換句話說，理解人生帶給你的禮物：家庭、身體、大自然、城市、科技、還有其他人。

‧提醒自己，人生難免有難以預料的時刻。

‧學習放下痛楚，用那位賢臣的話來幫助自己：「你所遭遇的一切，都是為了你好。」

‧別讓旁人的言行阻礙了我們的幸福。旁人激怒我們的時候，思考自己想要餵食哪匹狼。

04 另闢蹊徑的溝通方式

抱怨會掘出阻隔他人的鴻溝

書中男主角在一位導師的帶領下，探索如何掌握自己的人生與幸福。有一天，導師對他說：

「根據我昨天所強調的，你似乎很樂於扮演這一種角色：因為在乎他人想法而努力，希望藉由自己所作的『犧牲』來得到旁人的肯定。另外，你也喜歡小小抱怨，藉此換取旁人的同情。坦白跟你說，這一點效果也沒有。所有研究都顯示，只有忠於自己選擇，並投入自己所選擇的生活方式，這些人才能獲得旁人的讚賞。到頭來，你的那些哀嘆訴苦，只有你自己在乎。」

——羅杭・古內爾，《神總是微服出巡》

我們的抱怨會嚇跑別人，請善用本書提出的挑戰，體會不同的說話方式。在挑戰期間，我讀到羅杭・古內爾在其著作《神總是微服出巡》中所寫的上面這段文字。

我讀了之後，感到非常震撼，因為我覺得這實在是再真實也不過了。的確，我的那些哀嘆，只有我自己在乎，而我竟然還用來污染其他人。我也因此發現，我所有抱怨只會造成自己和周遭人之間的距離，一旦停止抱怨，就能清楚感受到身邊的人慢慢靠近我。

這在我跟孩子之間尤其明顯。我不再抱怨之後，她們就覺得我比較平易近人，而過來給我抱抱。突然之間，我就享受到了這些貼心的溝通和溫柔的時刻。我們擺脫了「對立」或「後勤支援」模式，建立更親密的親子關係。剛才我所寫的這段文字，其實讓我非常吃驚，我發現原來過去這幾年，孩子一直跟我保持著某些距離。當然，在挑戰開始前，我們也維持密切的親子關係，只是自從減少用抱怨來污染生活之後，我察覺到我和孩子之間的關係有非常顯著的改善。

後來我終於知道，有時候旁人害怕接近我們，是因為我們的牢騷嚇走了他們。他們經常聽到我們排拒生活中所面臨的一切，所以害怕如果靠近我們，也會同樣遭到排拒。

正面思考比抱怨還花力氣

「心理學家的研究顯示，悲觀者的詞彙沒有樂觀者來得豐富、完整。另外還有研究指出，年輕人訴諸暴力的程度，與他們詞彙貧乏的程度成正相關：人們無法訴諸言語的時候，就會開始攻擊、破壞！」

——伊夫・亞歷山大・塔爾曼（Yves-Alexandre Thalman），《樂觀看待人生的小小作業本》

抱怨是一種近乎本能的反應，完全不需要額外的力氣，也不需要費心留意。但是停止抱怨就需要更多反思、更多內省，尤其是一開始的時候。起初得花上幾個星期（是的，二十一天！），才能讓自己蛻變成不抱怨的智者，讓一切來得自然且毫不費力。

如果各位不相信，可以試試看以下實驗。想像你正在上班途中，剛來到捷運月台上，此時車站廣播，由於設備故障，列車全線停駛，同時復駛時間尚不明朗。你當下的反應會是什麼？很可能是：「太誇張了，這已經是這個月的第三次了，他們完全不把乘客當回事，起碼也保養一下線路吧，我還得趕去公司耶！」我們很容易就會這樣脫口而出，而且也經常聽到這樣的抱怨，內容不過是一再重複而已，在彼此身旁人云亦云。

現在，如果你可以不抱怨，可以不必因為「這些人」怠忽職守，而讓你以受害者自居，同時還能告訴自己，現在發生的一切都是為了自己好，就像我之前提到國王身旁的那位賢臣一樣，試想一下你的反應會是什麼？

快點，照我的話做。

這比你原本所想的困難許多吧？根本無法用本能去實現！突然間，我們開始思考自己可以採取的其他方式，拿出負責的態度，絕不輕言妥協，並擬定一套行動方案。這將是一個漫長、複雜的思考過程，而且，如果你必須和旁人分享想法的話，就得用更多詞彙把話說得更清楚。更重要的是，你的想法將是獨一無二的，與月台上的其他乘客不同。

你可以告訴自己：「好吧，我打電話到辦公室去，請人把杜旁先生的案子寄給我，然後在家裡安安靜靜完成，也不會有旁人來打擾。這也沒什麼不好，至少可以完成一件工作。我也得打電話通知保羅，取消今天上午十點的會面。捷運中午應該會復駛，那我下午再進辦公室就好。」

月台上的另一名乘客可能會這麼想：「好吧，我打電話跟老闆說我必須請假一天，因為沒有車可以到公司。這是突發狀況，但其實也沒什麼大不了的。我覺得很累，從來沒有給自己休息的時間。我要利用今天去剪頭髮，已經拖了四個月了。我也要抽空打電話給姊姊。今天下午我要下廚，燒許多好菜放在冰箱中慢慢享用，我老早就想這麼做了。」

從上述兩種情況中，各位可以發現，我們首先必須接受突發狀況，然後建立一套比起毫無建設性的抱怨更複雜的想法，我們需要更多詞彙，描述在意外情況發生當天所做出的這兩種選擇。是的，停止抱怨會讓你必須思考，並找出解決之道。這是可以立即帶給你幸福感的方式，因為你不再感到委屈、挫折、無能為力。就像上述兩名候車乘客一樣，接受當下發生的情況，並採取行動好好利用。

不小題大作的重要性

你是否曾發現，自己偶爾會有將小挫折放大成大浩劫的傾向？尤其是事情不如自己預期的時候：

- 火車誤點，而你就要錯過一個重要的約會。
- 該繳的稅比你試算的還要多。
- 老闆正在重整公司，上班時間或職務也跟著異動。
- 你手邊已經有八百件事要處理，結果公司又指派任務給你。

面對外在情況，我們必須不斷更改計畫、調整步伐、付出努力，同時逆來順受。我們會習慣性將挫折放大成世紀浩劫，小題大作的結果令我們倍感威脅。

我也經歷過相同的情況。那是個工作滿檔的一天，我跟客戶排定了許多電話會談。身為輔導顧問，我的客戶遍佈美國、加拿大、亞洲和歐洲，總之就是遍佈全世界，因此我的工作有百分之九十八都是透過電話進行。為了節省高昂的電話費，我都是利用網路電話與客戶聯繫。當天早上，我在八點四十分打開電腦，發現網路不太穩定，連線頻頻中斷，可是我的第一個會議再過二十分鐘就要開始了！我開始心慌意亂，聽見自己說：「如果再這樣下去，我的事業就要完蛋了；中斷的網路會讓我損失慘重！」我很明顯是反應過度。

接下來是另一個「大難臨頭」的劇本：某個週六上午，一名男子來到機場，他要前往義大利參加一位好友的婚禮，飛機預訂在九點三十分起飛。他來到櫃檯的時候，地勤人員告訴他，由於機件故障，飛機無法準時起飛，可能會耽擱四個鐘頭。「你們有沒有搞錯？你們會毀了我的人生！」男子對地勤大吼大叫。

我們偶爾都會有這種小題大作的傾向，但某些人發作頻率更高。我們會脫口指責別人是「一群白癡」、「全都是沒用的傢伙」、「搞不清楚狀況」、「不負責任」。

認知治療心理專家大衛・伯恩斯（David D. Burns）將這種扭曲想法稱為「望遠鏡把戲」，由於我們習慣以這種方式看待負面事物，不知不覺中就放大了這些事的重要性，原本不大，也沒那麼嚴重的事情，就這樣被我們堆成一座擾人的高山。

在你抱怨自己比不上別人的時候，望遠鏡把戲就會啟動。如果你開口表示「我很差勁」、「我很笨」、「我以為自己是誰」、「大家都會把我當成神經病」、「我不夠專業」、「我對這方面一無所知」，這時候，你很可能傾向把比較對象的優點放大，結果在比較過程中愈發矮化自己。

面對這種清況，請從另一端來看望遠鏡（就是反過來，從鏡片較小的一側來觀看），從這種角度來審視自己的成就、功勳，或是競爭者的缺點，然後將這些逐漸縮小成微不足道的塵埃。

我們一再把煩惱的重心放在自己身上的時候，不但沒有辦法幫助自己成長，反而還會毀了自己。一樣的道理，我們經常會給自己很多壓力，同時扭曲自己的言詞，只因我們覺得自己無法企及旁人對我們的期待。

不抱怨的挑戰是要讀者學習珍視自己的長處，並善加利用，尋求進步，同時也別忘記讚揚周遭親友的優點。就算有些事讓你非得小題大作，也請選擇會幫助自己成長、讓人生更美好的事物，而不是放大那些會傷害我們、污染我們的東西。

太常運用望遠鏡把戲的結果，會讓我們感覺受到壓迫，然後開口抱怨，於是，阻礙我們達到目標的障礙物，頓時變得十分巨大，猶如無法跨越的高山。我們的鬥志開始瓦解，變得毫無長進、惹人討厭。

我們常常以為，只要誇張抱怨自己的痛苦，就更容易獲得想要的東西，於是就放任自己一股勁發牢騷。短期來說，這個策略或許能有效影響旁人；但長遠來看，這絕不是有效的正面方式，而且還可能適得其反，就像我們在第一章中所看到的那樣，使得旁人對我們的尊重蕩然無存，甚至會讓他們與我們保持距離，以免被我們的小題大作牽連。更重要的是，抱怨還會阻礙我們理性正視自己的問題。

關於這個主題，我覺得觀察這個社會對「戲劇張力」的著迷，是非常有趣的一件事，彷彿沒有經歷過刺激的大風大浪，我們就無法感受到自己真正活著，所以才會出現酒精、藥物濫用，還有整日報導聳動消息的媒體生態。這一切造就出一種普世文化和潮流，驅使人們加油添醋、危言聳聽，用自己的牢騷搬演原本不存在的誇張戲劇。

我想藉由「停止抱怨」的挑戰，引導讀者留心自己小題大作的傾向，並學習正確賦予事物應有的份量。

小祕訣

- 在抱怨的時候，我們經常有惡言相向的傾向，使用激烈的言詞，誇大說法。每次出現這樣的反應時，請你紀錄下來。
- 養成談論自己長處、成就和功勳的習慣，讓這些優點在你人生中，以及在你和別人的對話中，佔據應有的地位。

小叮嚀

- 要求自己不要輕易開口抱怨。的確，不抱怨需要花很大的力氣，但是擺脫這些搞砸生活的抱怨之後，我們將會重拾十倍的力氣。

- 體認抱怨會讓別人逃避我們的事實，學習降低抱怨在聊天中的份量，好好享受溫馨的聊天氣氛。
- 認清自己經常會用望遠鏡把戲小題大作、矮化自己，而且還有懷抱惡意的傾向。
- 學習化解誤會，勇於嘗試溝通，避免那些基於揣測的無謂抱怨。

學習拿捏正確字眼

「言語是種既可以毀滅、也可以建設的工具，其實跟我們所認知的不同，言語擁有能夠影響現實的重量。」

——奧利維·裴侯（Olivier Perrot）／心理學家暨法國新催眠法協會理事長

一天當中，我們無時無刻不在扮演傳訊使者的角色。我們使用言語傳達訊息，影響著自己的生活還有周遭眾人的生活。

抱怨的時候，我們是什麼樣的信差？我們是傳遞正確的訊息，還是小題大作、誇大其詞，採取以偏概全的態度來看待問題？

在和別人溝通的時候，我們必須了解，旁人會嚴肅看待我們的情緒、挫折與懷疑，但是我們的「詮釋」卻經常背離事實。

我們是透過一面個人濾鏡（與自己的經歷、人生和性格息息相關）來看待一切事物，所以請務必留心自己所說的內容，因為一旦說出口，就如覆水難收。我們的抱怨會影響對話的表達方式，進而改變我們看待事件的觀點。在將抱怨說出口的同時，抱怨就以具體的姿態佔據我們的生活，讓我們產生錯覺，認為抱怨的內容再真實也不過。

本書的挑戰也在於引導讀者，以更符合真實情況的方式溝通，既然我們不能再發牢騷，那麼就得更客觀審視，我們希望與其他人分享的內容。如此持之以恆，我們就會習慣三思而後言，既不會誇大其詞，也不會因為是發牢騷而失之偏頗。同樣，我們也必須學習，對別人脫口而出的抱怨採取保留的態度，體認這些抱怨內容也可能經過加油添醋，並非全然是事實。

因此，學習對聽到的內容持保留態度，一如客觀審視自己的言語，是很重要的一件事。言語只屬於將話說出口的人，所以我們不必「照單全收」，將理應負起的言語責任，一如行為責任，還給對方。這樣的態度可以幫助我們，避免用抱怨的態度對自己不愉快的遭遇加油添醋。

學習化解搞砸人生的誤會

各位有沒有發現，自己會花很多時間做無謂的揣測？如果某位朋友沒有接受你的晚餐邀約，你馬上就會想他是不是在生你的氣；同事經過你的辦公室卻沒有跟你打招呼，那他一定是在擺架子。我們完全不知道真相為何，就逕自揣測最糟的情況，而且更糟糕的是，這些猜測會讓我們改變態度。我們無端造就了壓力、焦慮，甚至開始不再聯絡朋友，漸漸就造成彼此間的隔閡；我們也不再跟同事打招呼，除非有轉機出現。長久下來，原本的揣測竟然就成真了！接著我們就會想要改變這種情況，徒增自己的壓力，只希望能夠挽回友誼。起初只是單純的揣測，到後來竟扭曲了一切。

原來我們的牢騷，是肇因於一場甚至本來就不存在的誤會。因此，在評斷情況與抱怨之前，學著釐清事件就非常重要。

記得要先調查，表達我們的懷疑並提出問題，當面問朋友是不是在生氣，並做好聆聽答案的準備，而不是一味逃避朋友，也不要妄下結論，在毫無根據的情況下放任自己抱怨。

學習以不同方式傳達需求與挫折的情緒

「每個人都會發脾氣，這是很簡單的一件事。但是要在對象正確、分寸得宜、時機適當、理由正當、手段正確等條件下發脾氣，並非每個人都能辦到，這不是一件容易的事。」

——亞里斯多德，《尼各馬可倫理學》

想要停止抱怨，就得學習使用適當的字眼，來表達挫折的情緒與需求。最重要的，是必須找出真正「有效」的字眼，讓其他人可以透過這些字眼，傾聽我們、理解我們。

我們之所以抱怨，是因為需求沒有完全獲得滿足。儘管有時我們會正面看待事物，改變自己的觀點，以樂觀態度看待人生，但是成功表達並傳遞自己的需求，仍是不容忽視的重要課題。尋求途徑讓別人聽見我們的需要，藉此滿足我們的需要，是自己的責任。

在我宣告展開停止抱怨的挑戰之後，許多人紛紛上門來要說服我，抱怨並非完全沒有用處，而我總是回答，我完全同意他們的看法，我的確相信抱怨是有用處的，能夠滿足以下的需求：

・被聽見的需求
・表達挫折的需求
・獲取他人同情的需求
・紓解壓力的需求

本書挑戰衍生出的關鍵問題是：抱怨真的能夠滿足我們的需求嗎？真的有效嗎？還有其他更有效的方式能夠滿足我們的需求嗎？

有兩種需求要做個區別：一是不必假手他人即可獲得滿足的需求，例如只要早點睡就能滿足對休息的需求，決定權在自己手上。面對這種情況，抱怨是沒有用的，我們可以選擇不要貪看電視，就能夠早點就寢，問題的解答完全掌握在自己手上；另一種是需要與旁人通力合作才能滿足的需求，是對自己有益的事，如果我不希望自己的需求遭到忽視，我就必須能夠清楚表達，並「說服」其他人來幫助我。

一旦了解到，我在家中有多需要協助的時候，我才深深感受到表達需求的重要性。我是那種對秩序有最基本要求才能活下去的那種人，然而在管教孩子與我對打理家務的冷感之間，我簡直難以生存下去，也無法隨時隨地收拾孩子在我身後留下的殘局。我試過發牢騷，完全沒有什麼效果；我也試過一手包辦家中所有的家務，但依舊挫折不斷（我實在不是個幹練的家庭主婦！）；我還嘗試對家中的紊亂視而不見，但結果是我很不快樂。

我必須想辦法傳達需要幫助的需求，同時確保需求被大家聽見並獲得支持。為了實現這個目標，我採取馬歇．羅森堡（Marshall B. Rosenberg）所倡導的非暴力溝通工具，成功地明確表達自己內心的想法，沒有責難、也不帶有批判。好比說有天我回到家裡，發現客廳地板上到處散落「剪紙勞作」之後留下的小紙片，當下我很想要抱怨，因為那天早上我才打掃過客廳。

大力提倡非暴力溝通的心理學家馬歇．羅森堡在其著作《言語是窗口，也可以是高牆》中指出，如果我們想要平和的溝通並讓對方聽見，就必須遵循下面四個步驟：

- 描述情況可以讓自己舒坦些：「我看到你們做完剪紙勞作後，地板上有很多小紙片。」

請注意，描述情況時，我說的是我看到的一切、經歷的一切，我不針對別人，也不帶批判色彩，我不會說：「你看你們都不收拾地上的紙屑！」

• 面對眼前情況，表達內心的感受：「我覺得很灰心，因為早上我才收拾過客廳。」我再次以「我」的模式開口，而不是說「你」，同時我也排除各種批判的形式。我不會說：「我覺得你沒有把我放在眼裡。」或「你總是把家裡弄得亂七八糟，從不好好收拾自己的東西。」

• 說出需求，安撫自己的情緒：「我需要最起碼的秩序才能感到安心、快樂，並照顧家裡的所有人。」

• 明確表達出我的請求（不要誇大其詞），讓自己感覺舒坦；用正面的語言說出，我在當下想看到的具體作為（這個步驟最為重要，卻經常被忽略）：「你可以在晚餐前把客廳打掃乾淨嗎？」（明白說出完成的時間，能大大提升成功機率，因為對方對於我們的期待有明確的概念。）

除此之外，我個人還想加上最後一個「協商」的步驟。由於我們提出的是請求而不是命令，對方完全有權利對我們說「不」，因此雙方就必須協商以取得共識。

現在我表示要尋求共識的時候，身邊的人都很清楚我的意思。他們會聽見我的堅決，並理解我擔負著滿足需求的責任。我會告訴他們：「我不會對自己的需求讓步，我們必須找出解決的辦法。」同時強調：「我不會強迫你，但請一起發揮創意達成共識。」有時對方會拒絕我起初的請求，但提出另一個自己可以接受的方式，例如；「媽咪，那妳來掃地，我負責擺餐具。」

各位可以觀察到，這些步驟需要你先客觀看待所遭遇的挫折，我們不再是意氣用事，為自己強出頭。想要停止抱怨，我們就必須實實在在，學習連結自己的需求及情緒，以求能清楚表達出來。我們必須能夠捫心自問：「歸根究柢，為什麼我會想要抱怨？究竟是什麼事惹我不開心？」同時也不要忘記，表明自己的請求，並接受這件事有商量的餘地。

在嘗試付諸實行的過程中，你很快就會發現讓你抱怨的，通常並不是你開口抱怨的那件事！而且你很快就會察覺，讓你不開心的，也通常不是你眼前所見到的那些事。地板上的紙屑並沒有真的讓我不高興，我其實可以自己收拾，或是視而不見；我也大可以隱藏挫折的情緒，強迫自己樂觀看待人生，但這就等於忽視讓自己動怒的深層原因：家人都不幫忙整理家務，以及我需要秩序才能過日子的需求。如果當初我沒能滿足這個需求，我絕對不可能捱過二十一天不開口抱怨的日子！

人們對安全感、尊重、秩序、安慰、休息、自由、融入感、歸屬感等，都有很深的需求。一旦這些需求沒有得到滿足，我們就會開始訴諸各種不同的情緒。開始進行不抱怨的挑戰之後，你也會發現造成這些情緒的原因，以及沒有獲得滿足的需求是什麼。驅使你開口抱怨的情況，不過是你的需求沒有獲得滿足的發端，請把握這個機會，找出這些深層需求，同時更有效加以滿足。

馬歇・羅森堡告訴我們一件很重要的事：情緒並沒有好壞之分，不過是單純存在而已！你感到憎恨、壓迫、沮喪、受挫、低落、困窘、無力、惱火的時候（本書附錄有詳盡的情緒與需求一覽表），並不需要感到羞愧。在進行挑戰的過程中，最重要的是，我們面對挫折時的反應。我們可以抱怨、控訴，或是強迫他人，也可以選擇正視自己的需求，在尊重他人的前提下，用正面的態度表達，然後繼續前進。本書會引領讀者深刻體認，抱怨並不能滿足自己的需求，也不能消弭挫折的感受，而且恰恰相反，只會讓挫折感更加強烈。

如果你還在猶豫要不要展開挑戰，請問問你自己：

・今天你跟自己的孩子、另一半、父母、兄弟姊妹、朋友、同事以及身旁的其他人，分享了什麼樣的訊息？你還希望這些麻煩、衝突和誤會困擾你多久？

・你還要繼續抱怨自己到什麼時候？

・你滿意自己現在正在創造的人生嗎？每一天你是快樂、痛苦，還是不停抱怨？

・回顧昨天和上個星期，看看你是否滿意抱怨佔據自己人生中的位置。

請體認言語的力量，它對你的人生以及對周遭親友的生活，能產生重大的影響。或許從前你可以找藉口，說自己不知道這點，但現在你知道了，你明白自己抱怨的程度，而決定權就掌握在你手裡，由你自己來做選擇。

現身說法

一方面，我察覺到自己無法正確指出問題所在，讓別人不要再僭越我的私人花園，而我唯一能做的就是抱怨和皺眉；另一方面，我總是看到我爸在抱怨，在我眼中這是力量的象徵（然而事實上恰恰相反），這種成見的確很難打破。不過，對上述情況的頓悟，終於讓我在態度上有顯著的改善。——網友／賽琳娜

小叮嚀

學習善用馬歇・羅森堡的非暴力溝通技巧：

- 不帶評斷描述情況
- 表達自己的感受
- 說出需求來安撫挫折的情緒
- 清楚傳達自己的請求，同時做好商量的準備，以取得共識

用讚美取代抱怨

「如何從現在起獲得平靜？要與當下言歸於好。當下是生命上演的遊樂場，而且從不曾在他方上演。一旦你和當下言歸於好，留心發生的一切，還有你能做的和選擇做的一切，或者說是生命在你內心所激發的改變。

生命藝術的奧祕、成功與幸福的奧祕，只有七個字：與生命合而為一。與生命合而為一，就是與當下合而為一。達到這種境界的時候，你會發現，並不是你在度過人生，而是人生在體驗你。生命是舞者，而你，是舞步。」

——艾克哈特・托勒，《新大陸》

「從現在開始，做你自己的頭號朋友。想開口說壞話、憤怒的情緒奔竄全身的時候，試著問自己：『我希望這種負面的念頭影響我，佔據我的人生嗎？』請在當下止住這種想法，用光明的另一面取代。」

——瑪賽兒．奧克萊（Marcelle Auclair），《幸福之書》

在本書的第一部分我提到過，自己之所以展開不抱怨這項挑戰的原因之一，是我希望能夠更加肯定自己的生活。慢慢品味一天當中，可貴又甜蜜的每個短暫片刻，同時不要讓抱怨糟蹋一切。而我所做的第一件事情，就是下定決心全神貫注，不讓這些片刻悄悄溜走。

人類大腦是個了不起的器官，能夠接收並處理成千上萬的訊息。然而每個人都知道，人類並非總是能夠「意識」到，大腦正在從事的活動與正在儲存的訊息。

事實上，人類覺察事物的能力是由專注力來決定，我們的專注力就像是啟動的雷達。雷達會紀錄某些資訊，將資訊放在意識的前緣，同時也好比是一盞大聚光燈，將光線集中在某些事物上，好讓我們能夠清楚看見。雷達突顯出來的事物，成了我們的現實。我們可以選擇，讓聚光燈聚焦在讓生活「難過」的所有事物上，讓這些事耽誤我們、阻礙我們、侷限我們、打擊我們；但其實，我們也可以讓光線集中在行得通的事物上，聚焦在生命中美好、愉悅的事物上。

另外，我們的意識也有點像是磁鐵。在「悲觀」雷達啟動的時候，我們的注意力就會集中偵測，聚焦在所有我們遭遇的問題上。這是一台極為精良、有效的雷達，一旦開啟，我們的生活就會招致更多的悲慘遭遇（很可能是我們將心態切換到這種模式的關係）。反之，如果我們開啟的是「愉悅」雷達，就能夠吸引到更多值得我們開心的理由。

一天之中我們對每個時刻的體驗，都取決於我們的雷達和意識，因為根據開啟雷達的不同，我們也可能度過愉快或多災多難的一天。

這就是當初我想要展開這項挑戰的原因。抱怨只會讓我身處在抱怨藉口不斷找上門來的各種情況裡！

挑戰進行中的某個上午，當時我面臨到選擇雷達的難題。

事發前一天我忘了倒垃圾，因此當天早上一聽到垃圾車來到巷口，我就穿著睡衣、光著腳丫，直奔屋外。匆忙之中，我扭傷了腳還弄翻了垃圾筒。當下我真切感覺到自己正面臨一個分叉路口，而我必須做出決定，「正常」反應本該是嘀咕抱怨，但我卻決定不要屈服，不要用惡劣的情緒展開這一天。

小祕訣

• 你也可以利用這種雷達的寓意，幫助自己進行挑戰。感覺到抱怨雷達自動開啟的時候，請先深吸一口氣，然後用手輕按一下額頭眉宇間的位置（就在所謂第三隻眼*的地方），完成開啟愉悅雷達的手勢。這個動作會幫助你通往內在的智慧之境，找到那位想要「淡定」並享受人生的自己。

*第三隻眼是來自東方的神話比喻，代表認識自我的眼界。通常位置就在額前的眉宇之間。

挑戰前與挑戰後

「這是最根本的道理：想法能創造，語言能創造。」

——瑪賽兒．奧克萊，《幸福之書》

在展開不抱怨的挑戰前，我的抱怨雷達經常是開啟著的，而大家總是聽見我說：

- 「又來了！」
- 「我需要協助，但想也知道不會有人來幫我。」
- 「我就知道會發生這種事，我早就說過了。想也知道，現在是我得出面來收拾殘局。」

現在，我會開啟正面雷達，試著改變我對事物的看法。儘管我的生活中依舊充斥著「又來了」、「想也知道」、「我就知道」等說法，但意涵卻和從前大不相同。

經過連續二十一天不抱怨的日子，現在大家常常聽見我說：

- 「我真幸運，孩子又來討我的關心。她們一定是把我當成一個溫暖的依靠，我讓她們覺得幸福。我要盡一切努力讓這樣的日子持續下去！！」
- 「想也知道我有忙不完的事情，我建立自己的事業投入工作，這是很合理的一件事！」
- 「我就知道我們會一起度過一個愉快的夜晚！」
- 「我就知道這禮拜我可以找到時間運動！」

那你呢？在職場、在家中或和朋友在一起的時候，你會如何改變「又來了、想也知道、我就知道」這些字眼的意涵？何不關上偵測痛苦、阻礙、苦惱的雷達，然後試著開啟聚焦在美、善、好、能力範圍內的雷達？打開心中讚美與感激的雷達。

我個人認為透過停止抱怨，訴諸人生的光明面是很合理的一件事，因為我發現，我們想要改掉一種積習的時候，必須用另一種對自己更有益的習慣來取代。人類的意識天生不喜歡空虛，如果我們消弭抱怨的習慣，意識就會千方百計填補這片空缺，因此請用感激來取代抱怨！

為了幫助自己習慣性打開讚美雷達，我建立了一套家庭儀式。每天晚上，家人同桌吃晚餐的時候，大家會將當天愉快的經驗娓娓道來。孩子會說起快樂的下課時光，還有和自己的好朋友相處的喜悅；身為父母的我們，則會感激工作會議進行順利，或是在專案計劃上有所進展，還有從同事口中聽來的笑話，或是生活中令人發噱的遭遇，以及我們簽訂的新合約，或是參與其中的成就感。

儀式進行到現在已經幾個月了，起初並沒有勉強每個人都得參與（大家對這種要表達感激的場合，還是會感到有些不自在，尤其是一開始的時候），但是到後來，我發現每個人都很樂於參與，包括我先生在內。我們年紀最小的女兒才四歲，非常喜歡這個儀式，有時我們忘了問她，她還會提醒我們說：「媽咪！媽咪！我有要讚美的事情！」

請即刻停止抱怨，選擇讚美，這表示你選擇相信生命的美好，相信這樣能撫慰自己的心靈。愛因斯坦曾經說過，人類必須面對最重要的問題是：「生命是不是我的朋友？」的確，生命充滿了苦難、戰爭與惡行，媒體總是不時開啟黑暗面的雷達，要我們提防生命的危險與醜陋。然而，只要我們傾聽歷史上的智者（佛陀、甘地、德蕾莎修女……等等），我們就能夠體會到，生命傳達給我們希望、和平、美好的訊息。在媒體與智者之間，我選擇傾聽後者，因為他們的教導能激發我內在美善的一面，啟發我不要跟生命作對。他們告訴我，不要追悔自己無法改變的過去，而應該竭盡所能打造美好的未來。他們給予我希望，我渴望跟隨他們，在我眼中，他們的教導充滿了和平、寬恕與愉悅。

因此，透過這一本書，我希望能鼓勵讀者談論、分享，從晨起開始所有值得讚美的一切。不要只是滿足於那些正面的念頭，還要記得在言談之間，用讚美和感謝的語言，來填補不再抱怨的空虛。

小祕訣

- 填補空虛：你排除了抱怨，請用感激來代替！
- 用體現生命之美的對話來取代抱怨，表現出你有希望、有計畫，並願意把握當下。
- 付出時間，讚美別人的長處，包括你的家人、同事和朋友。

・在家中推動讚美的儀式。
・公司開會的時候，先花五到十分鐘簡述成功的部分，並用一點時間感謝出席者的參與，還有每個人對執行中計畫的貢獻，藉此提高大家的士氣，持續精益求精，並在需要各方努力的項目上取得進展。

05

對自己的人生負責

今日事今日畢

想要成功贏得不再抱怨的挑戰，首先就要落實今日事今日畢。我們現在已經進入本書的重點，如果你仍在閱讀的話，代表你對這個挑戰感到好奇，代表一部分的你渴望展開不再抱怨的挑戰，但我也很確定，另一部分的你很想拖延到明天再開始，希望先等到自己「準備周全」。在開始挑戰之前，我們總希望先「搞定」一些事情，或許你正想著：「我一定會停止抱怨，只要……」例如以下：

・我找到工作。
・我不再感到疲倦。
・我搬離這裡。
・我找到人和我在一起。
・我找到新的工作，而且不必再看老闆的臉色。
・我手頭不再拮据。
・罷工結束。

我們總以為等待一段時間之後，就能獲得結果並改變某些事情，屆時人生就會更加美好、更加安穩，然後我們就不會抱怨。

周遭所看到的廣告和行銷宣傳，不斷用這樣的訊息淹沒我們，並試圖說服我們。這些訊息無所不在，在大眾運輸、在公路旁、在電視和廣播裡……，它們一再傳達，只要擁有這項新產品或享受這項新服務，我們的生活就會更加美好。這款新車是我們人生幸福的鑰匙，擁有了就能受人尊敬、備受肯定；這款口紅能夠提升自信，讓人與眾不同；這項營養補充品能令人感覺活力充沛，讓人元氣滿滿……

每個人偶爾都會有生命殘留空缺的遺憾，而廣告行銷公司讓人以為，必須用新的事物來填補，才能夠擁有幸福的人生。結果到頭來，我們不斷為自己的幸福與平靜「設限」，非得要等到一切都十全十美才行，這也讓我們不斷將享受人生的想法推遲到明天、甚至是後天，就這樣沒完沒了等下去。

丹尼爾・吉伯特在著作《快樂為什麼不幸福？》中表示，人們在設想未來的時候總是大錯特錯，在想像幸福的時候尤其如此。吉伯特帶領我們進入充滿詭詐、妄想與合理化的國度，說明人們對於想要獲得的事物，總是抱持過高的期待，無論是熱帶島嶼的假期，還是引頸期盼的促銷活動。到最後，新事物帶來的快樂往往不如我們所想。吉伯特教授的研究立足於心理學、認知科學與神經科學，顯示出人類在設想未來的時候，想像力會產生所謂的視錯覺。他讓我們了解，就算心智一心一意夢想未來，我們也無法掌控。

這本書的用意，是要啟發讀者，跳脫這種阻礙我們即刻把握人生的無限迴圈，鼓勵讀者勇於面對生命所帶來的苦難、挫折與不如意。這種迴圈只會讓人不斷渴求改變，然後變得永遠無法滿足。你是否曾經留意到自己一直抱怨天氣太熱，然而兩天前我們才在埋怨雨下不停？

透過不抱怨的挑戰，你可以發揮內在巨大的潛能（但卻常常被忽略），適應當下的人生，而不是成天哀嘆自己渴求的改變沒有發生。

現身說法

讓我下定決心停止抱怨的原因，首先是家中充斥著火藥味，而且幾乎完全失控的氣氛。我有三個小孩要照顧，大的即將邁入青春期，小的年紀還非常小，而我非常不善於應付危機時刻。有一天，我發現抱怨並無法解決問題，而且就算問題不是我造成的，但家庭成員是一個互動的整體，只要有一個人抱怨，就會「傳染」給其他成員。

至於在公司裡（充斥各種抱怨能手的大本營），我很輕鬆就成功「制伏」一位女同事。以前早上我都習慣這樣跟她打招呼：「早安！今天好嗎？」每次打完招呼，她就會開始抱怨自己的人生、老公、疲憊和情緒。我記得有部電影叫做《討厭鬼的舞會》，當中有句台詞很具體表示，千萬、千萬不能開口問討厭鬼過得好不好！現在見到她，我只會說：「早安！」她就不會把滿腹苦水往我身上倒了！

這件事情給我的啟發，是我的行為舉止會影響到對方，而抱怨無法解決任何問題（恰恰相反）；還有，非暴力溝通很值得學習，因為這樣才能解決問題。

我建議每個人都該接受停止抱怨的挑戰，因為每個階段，我們都能夠更進一步了解自己、了解他人。當我們生活在融洽的環境裡，能夠以不傷人的態度，或不歸咎旁人的態度，來表達不愉快的經驗時，就夠真正感受到舒適和坦然。——網友／克莉斯提安

沒有快樂的受害者

對我而言，挑戰過程中最大的課題之一，就是要能夠認清自己，什麼時候會以受害者心態自居，例如：孩子就讀的學校，在最後一刻臨時更改上下課時間，將我一整年的家庭和工作安排都

打亂的時候；旅館弄丟我的訂房紀錄的時候；孩子在半夜把我叫醒的時候；都市計畫局大興土木，導致我因為工程引起的塞車，而赴約遲到的時候；經濟不景氣，而我又手頭拮据的時候；我才晚幾天繳電費，家中就遭到斷電的時候；網路連線品質很差的時候；客戶忘了取消會面，害我浪費寶貴時間的時候……

每天面臨這些時刻的當下，都像是遭到暗箭襲擊。過去的我會習慣舉手投降，並告訴自己：「今天真是背到家了。」或心想：「我就知道，這種事只會找到我頭上來。」或是：「又是禍不單行。」

後來我讀到一個井底之驢的故事，對於改變我看待事物的角度助益良多。多年前我就讀過這個故事，但是放在這個挑戰的框架裡，卻讓人更能有所領悟，同時能夠具體應用在生活當中。

驢子與井

某天，農莊裡的一頭驢子掉到一口枯井裡。牠在井底不斷發出哀鳴，但農場主人卻不知道該如何是好。最後他心想，驢子老了，將牠救出來一點也不划算，加上這口井也沒什麼用處，於是他決定剷土把井給封了，並號召左鄰右舍前來幫忙。

驢子察覺到農場主人的打算，起初不斷嘶鳴，但後來卻沉默了下來，每個人都非常驚訝。鏟了幾次土後，農場主人探頭望著井底，眼前的景象令他難以置信：驢子先是把落在身上的土壤抖落，然後站上小土堆，跳離水井並急忙快跑，留下眾人一臉錯愕！

生命會試著用各式各樣狗屁倒灶的事來淹沒你，想要脫身就得擁有抖落塵土向前奔跑的能耐。每個敵人都可以是鞭策我們前進的石塊，只要永不放棄、永不停止，我們都可以離開最深不可測的井底！抖抖身子往前衝吧！

如果驢子當初選擇以受害者的姿態持續哀鳴抱怨，下場就是被活埋在井底。不過驢子並沒有這麼做，而是選擇做自己的主人，另闢蹊徑。現在我只要覺得自己被困在深井當中的時候，就會想起那頭驢子。每當面臨困境，想要用抱怨指責元兇的時候，我會明白知道，這麼做並不能讓自己脫離深井，反而會適得其反，讓自己被滿腹的牢騷吞沒。

從今以後，無論遭遇何種情況，就算是遭到「某人的不當對待」，我也會試著不要浪費精力在無謂的評斷或抱怨上，因為我知道，這只會讓自己的處境更加悲慘，而且完全無法往前邁進。

得饒人處且饒人！

此外，各位是否曾注意到，每個人都很想找出必須對自己遭遇負責的元兇？啊，這些罪人有時讓人歡喜、有時讓人抓狂，而且我們隨時都想怪罪他們，彷彿我們得遷怒這些人才能變得堅強！

我們心想：「沒錯，這並不是我們的錯，再說也應該給這些人一點教訓，如此一來，人生就會簡單得多！」我們發牢騷、開口抱怨：「但願這些人能夠體諒、幫助別人、多講道理、多尊重我們、遵守規矩。」

我記得在進行挑戰的過程中，自己也曾經歷過這樣的情況。當時我帶著三個女兒去海邊，希望好好放鬆一下，看看雜誌，享受遠離電腦和手機的時光。可是我的女兒（當時的元兇）卻不停打擾我：「媽咪，人家肚子餓；媽咪，人家找不到泳衣；媽咪，人家要去廁所……」她們的口氣都很好，但是我卻開始抱怨，因為一部分的我深切盼望，這群小姑娘能夠獨立自主，可以自己玩耍、自己解決問題，好讓我一個人靜一靜！我不能好好放鬆，這都是她們的「錯」，就算她們的行為舉止跟一般正常的小女孩沒有兩樣，我還是不高興。當天我才了解到，自己總是習慣性需要找到讓人受挫的元兇。

那一天，我清楚知道自己之所以感到挫折，並不是因為別人對我做了什麼，而是我的期待與實際情況出現落差（就像獨自帶三個女兒前往海邊，同時又想好好看書一樣）。

於是我必須做決定，我可以：

- 抱怨，因為我無法安安靜靜看書。
- 享受海灘時光，把握機會和女兒一起玩耍（戲水、堆沙堡、撿貝殼……）。

要實現後者，我就不能再以受害者自居，並放棄想要看書的念頭。總而言之，想要不被打擾是完全不切實際的想法！我很清楚，如果想要安靜閱讀，就必須做出更符合實際情況的安排，好比說在晚上用閱讀來取代看電影，或是從明天開始到街角的咖啡廳小憩片刻，麻煩老公暫時看顧一下小孩。

請透過本書不抱怨的挑戰，學習放過那些得罪你的人事物！讓人疲於應付的辦公室同事、拿走我們血汗錢的稅務員、誤點的大眾運輸工具、讓人鬱悶的經濟環境，請不要把自己的不愉快全部歸咎在別人頭上。

小叮嚀

- 就像井底的驢子一樣，不要像受害者般滿腹牢騷，請做自己的主人，並發揮富有創意的思維。不要再歸咎那些得罪你的人，不要強迫他們為我們的問題負責，這才是幸福之道。

提防壓力鍋內不斷上升的壓力

現身說法

「我不再抱怨了」，聽在某些人耳裡，可能像是一種示弱的告白，給人一種唯命是從的印象，但是「停止抱怨」並不等於「全盤接受一切」，與壓抑心中的不滿。——網友／阿爾柏・德裴提尼

在挑戰的過程中我發現，從前的自己三不五時就開口抱怨，因為導火線總是那些長期沒有改善，或是一再出現的情況。當時我牢騷不斷，因為我總是在隱忍、一廂情願樂觀看待、委屈自己，同時保持沉默，只為了不讓人說我是惡婆娘。長此以往，到最後我免不了會火山爆發！就像是一只沒有取下紓壓鈕的壓力鍋，內部壓力升高到無法承受的地步，非得找到出口不可！結果只能開口抱怨，以便騰出空間來！在這些時刻裡，我們總是告訴自己：「抱怨總算有點用處。」但其實

我們大可以及早避免這種情況，不是嗎？

其實我深切感覺到，在面對不順遂的情況時，最重要的是不要壓抑內心的挫折感，不要千方百計打壓這種感覺，因為到最後壓力鍋遲早會爆發開來，而且有時爆發的關鍵根本和最初的挫折感毫不相關！

舉一個我的親身體驗為例：我的小女兒哭鬧不停，要我一整天都抱著她，讓我感到很挫折，但我最後還是接受女兒的無理請求，因為我沒有勇氣面對問題，並承擔拒絕的後果，於是選擇沉默，任小女兒予取予求，默默隱忍著，只要她別在我耳邊哭鬧就好。在同一天的某個時刻裡，我的另一個女兒開口跟我要求某件事情，就在這時候，我爆發了！「真是受夠了，有完沒完？我又不是萬能的，媽媽很累，妳自己想辦法！」我的反應跟她簡單的要求完全不成比例，這完全是肇因於我一整天所隱忍的挫折情緒，最後突然在一個不相關的情況下爆發開來。壓力鍋無端波及到我無辜的女兒，忍耐一整天的情緒全部加諸在她身上，因為我沒有善待自己、滿足自己的需求，我沒留意到不要跨越極限，一心覺得自己是受害者，同時也對突如其來的情緒感到難過。

對於沒有小孩的讀者，我還有另外一個例子（同樣是親身經歷）：連日來我埋首處理一項複雜的專案，時間一分一秒流逝，但我始終沒法結案。我大可以請求同事的協助，但是卻不知道怎樣才是恰當的作法，而且我也擔心會事倍功半（自己動手比教導別人簡單得多）。為此我三餐不繼，持續熬夜，感到無力，也開始出現倦怠感和挫折感，況且這已經不是我第一次面臨到這種情況。除此之外，還有其他同事不斷來找我，請求協助，其實都是一些瑣碎的小事，所以我也就全盤答應，再說我也不知道該如何拒絕，因為我是真的很想幫助他們。持續一段時間後，我開始感到分身乏術。終於到了某天下午，我的電腦出了狀況，讓我頓時情緒爆發，我開始抱怨、暴怒，電腦問題不過是壓垮駱駝的最後一根稻草、引爆壓力鍋的導火線。但是其實壓力數天前就已經存在，接著逐漸上升，我卻沒有採取任何降壓的行動，任憑情況持續惡化。

這次挑戰讓我知道按部就班、排解鍋內壓力的重要性，並在壓力升高時保持警覺心，善待自己、畫出底限、表達需求、學習說不、請求協助，在情況失控之前紓解壓力，同時也要試著改變看待事物的觀點。不抱怨的挑戰是每分每秒都得面對的，但卻是平靜生活的來源。

小祕訣

・傾聽你的身體，如果你感覺壓力上升、雙耳發熱、腸胃糾結，請暫停下來，因為身體正試著跟你溝通，告訴你清況正在惡化。

・該怎麼做才能紓解壓力呢？請列出幾種方案，並在接下來的四十八小時內實踐。

你的工作太多？	學習說不，或請求協助。
你的家中很髒亂？	請家中成員幫忙分擔家務。（我的先生與兩個十歲和八歲的孩子，從兩年前開始清洗自己的衣物。）撙節一部分開銷，雇用清潔人員，至少每兩星期到府打掃一次。
你感到很疲倦？	要求自己，至少每兩晚中有一晚是在十點前就寢。
你覺得自己沒有受到尊重？	勇於要求對方用適當的語氣跟你說話。

懂得預判情況

有時候，安撫自己挫折的情緒，不見得一定是在「事過境遷」後才表達出來，我們也必須懂得，在問題尚未出現之前，傳達自己的期待（這樣做會簡單得多）。例如在辦公室、家裡，或和朋友相處，出現你無法接受的情況時，就請立刻告知你周遭的人。

在與親友社交的場合中，通常都會帶著各自的小孩隨行，各位應該很清楚，在這種情況下，大家都必須竭力克制自己的情緒。

現在我都會先用幾分鐘的時間，清楚表達出自己的期待、可以接受的範圍、我個人在團體生活中所能做的妥協，以及我最需要協助的時刻，其他人也會仿效我的作法。下列是這類溝通的結果：

- 「小孩在餐桌上哭鬧，會讓我心情煩躁。所以可不可以請家長在小孩哭鬧的時候，先把他帶到隔壁的房間裡去？」
- 「我不太喜歡有人命令我該去準備午餐，用抱怨的口吻交代我做事，這會讓我感覺自己好像非常被動。」

‧「我沒辦法忍受一屋子裡同時擠了二十幾個人，既不能照顧到所有人，也不能好好放鬆。我完全無法適應這種鬧哄哄的環境，我比較習慣小型的聚會。」

‧「只要能夠安靜睡個午覺，我就心滿意足了！」

‧「我希望每天早上起來都能散步四十五分鐘。如果你可以幫忙看小孩，我也可以在你想午睡的時候，幫忙看小孩。」

就這樣，每個人都有機會說出自己的需求，好讓聚會能更順利進行，接著，大家就會朝著這個方向努力。儘管偶爾還是會有些突發狀況，或需求沒有獲得滿足的情形，但是由於每個人都表達過自己的想法，對於偶發的意外，自然也比較寬容。我們既非心胸狹隘，也不是不切實際。

在公司裡，我也嘗試跟工作團隊建立相同的溝通模式。我會事先告知我做事的方式，以及對我而言最適當的作法。例如，前不久，工作團隊裡來了一位新人，我花了點時間向新人解釋我的做事方式（包括我個人的一些毛病），以免往後發生誤會讓他牢騷滿腹。我告訴他：「一般來說，我在電子郵件裡的溝通方式相當直接，而且我也不太注意郵件形式，因為我都是在工作空檔快速完成。但是請你務必了解，我所做的一切都是出於善意。如果我對你的工作有意見，或是不滿意，一定會當面跟你說，我也希望你能夠這樣做。」

同樣，為了避免不愉快的經驗持續累積，我也會跟團隊成員溝通，從一開始就明白告訴所有人，我對他們的期待，以及我眼中的團隊合作之道。

於是在同事和親友之間，我會一開始就清楚表達我的需求，告訴大家我做事的方式、我的期待，還有他們可以從我這裡得到什麼。每隔一段時間，我會和他們一同審視，看看是否有太多未明說的情緒，或不愉快持續累積。我會盡可能在問題出現之前進行溝通，把握負面情緒尚未出現、而且壓力鍋還不會引爆的時候，這樣的交流會健康得多（而且也比較容易）！

小祕訣

- 在還沒有受到冒犯之前，先畫出你的底線，事情會比較容易進行。

- 懂得界定你無法接受的情況，避免這些情況發生。經常審視身邊的情況，只要有疑似誤會或出現問題，請在還能處理的時候，就立刻說出來，避免壓力升高。
- 安排家庭會議，讓每個成員都能夠暢所欲言，並讓其他人聽見。

小叮嚀

- 定期釋放壓力鍋內的壓力，盡快處理挫折的感受，避免情況失控、情緒爆發。
- 在問題尚未成形之前就展開溝通，避免危機發生。

接受自己的不完美

本書旨在鼓勵讀者展現自己最好的一面，同時接受自己並非十全十美的事實。在不抱怨的挑戰過程遭遇失敗是正常現象，但要能夠堅持下去；人生中偶爾搞錯或犯錯是可以諒解的，不過千萬不要因此而抱怨。將自己從追求完美的壓力中釋放出來，接納自己也會做出不完美的舉動。

不要再把生活中的義務視為苦難，「我必須做這個、我必須做那個」，重新審視自己內心真正想做的是什麼。每個人其實都想表現出自己最好的一面，這種信念才是最重要的，請在日常生活中謹記這句話。

將享樂重新置於生活中心

我有個好消息要告訴各位，想要成功停止抱怨，有個愜意的好方法，就是重視享樂在生活中的重要性。是的，「取悅自己」通常是讓人減少抱怨的絕佳方式！如果生活中擁有樂趣的來源，我們就不會將注意力都集中在日常發生的問題上，同時心態也會比較寬容，不會非得要別人為我們被迫經歷的一切付出代價。

比較令我感到驚訝的，其實是每個人都知道，取悅自己必須靠自己，但是我們卻經常抗拒這樣的念頭。一部份的自己渴望「隨心所欲追求快樂」，另一部份的自己卻說：「不行，這樣不好，不可以這樣做。」我們總是有滿滿的理由：「沒有時間，要照顧小孩、要工作、要做這個，所以不能做那個，因為這些事情重要得多……」這樣日復一日到最後，我們就犧牲了自我。

哲學家與精神分析師安娜・杜富蒙泰爾（Anne Dufourmantelle）曾說：「取悅自己必須要能完全活在當下，而且不受內心的監控。」是的，想要成功連續二十一天完全不抱怨，有時候就必須懂得，讓內心正義的天使閉上嘴巴，暫時拋開我們必須完成的待辦事項，與該負的責任，重拾享受當下的樂趣。

在此我必須強調，所謂的享樂，首先是一種身體與感官上的體驗，通常與幫自己買某樣商品，或得到某樣新的東西無關。我的意思不是說，各位要節制購買小禮物的念頭，例如科技新玩意兒或新衣服等等，來犒賞自己，而是恰恰相反。

我不過是要各位體認到一個道理：享樂通常存在於當下，在你的身體裡、在你唾手可得的事物裡，可以是一場午覺，或是一段平靜的閱讀時光，也可以是欣賞藝術品，或好好花時間運動，更可以是去郊外呼吸新鮮空氣（有些人認為散步可以解決所有的問題，我很相信這樣的說法），或是去跳舞（我最喜歡的享樂活動之一）。享樂也存在於我們日常生活中，包括各種有意識的感受所帶來的樂趣：味道、氣味、影像，各種我們覺得美麗的事物、能啟發我們的事物、讓人發笑或覺得逗趣的事物，內容包羅萬象。

這些事物所帶來的愉悅程度取決於我們自己的感受，讓我們與身體和感官重新連結，允許我們放慢節奏，實實在在享受慢活。

多寵愛自己一些

停止抱怨的過程中，我清楚記得聽到那位「反享樂警察」聲音的那天。那是個週四早晨，一位客戶剛取消和我的會面，於是我意外有了一個空閒的上午，不過依舊有忙不完的代辦事項等著我完成。

每個週日上午我都會去上Nia健康舞課，這是一種同時結合爵士舞、現代舞、鄧肯自由舞蹈，以及太極拳、跆拳道、合氣道、亞歷山大技巧、費登奎斯教育法和瑜珈的身心平衡課程。這是一門能帶給我最暢快、最愉悅感受的舞蹈課，而且我經常夢想，自己能夠用這門舞蹈課來迎接每一天的工作。Nia健康舞每週二和週四上午九點三十分也有開課，但因為跟工作時間重疊，所以我從來沒有機會在這時候上課。那個週四上午，我突然有個空檔，但我卻猶豫不決，不知該偷閒去上舞蹈課，還是去上班。儘管遲遲無法拿定主意，我仍舊在起床後換上運動服。一個小時之後，我把孩子都送到學校，必須做決定的時刻就來了。當時我正開著車往公司前進，結果一瞬間我急忙轉向，往舞蹈教室的方向前進。我告訴自己說：「我怎麼這麼傻？好不容易才有這個夢寐以求的機會，可以在週間去上課！」但是行駛到下一個綠燈，我又重新掉頭開往公司，內心糾結著說：「不行，真是的，這太隨便了，我還有一大堆事情要完成，我不能放任自己跑去上舞蹈課。」我記得當時還撥了電話給我先生，要他幫我做決定！（很顯然，他並沒有幫上忙。）放下要事不做而一心只想偷閒享受身心平衡的念頭，讓我深感罪惡。最後，我告訴自己：「想做什麼就去做吧！」所以就跑去上了舞蹈課。那一整天，我一句抱怨也沒有。我覺得自己就像是個百萬富翁，因為我享受到週間上課的奢華待遇！那堂課讓我通體舒暢，並帶給我許多樂趣。下課之後，我回到公司，感覺充滿幹勁、全神貫注，而且快樂無比。

我想，各位偶爾也應該「想做什麼就去做吧」，懂得放下並讓內心的「反享樂警察」閉上嘴巴。生命存在的理由，是要讓人能夠盡情度過每分每秒，至於那些沒完沒了的待辦事項，不管該完成的時間是昨日或是明日，都不應該佔據你人生的全部。學習在你的生活中騰出一些空間來，做能夠帶給你喜悅和幸福的事。這些事物的重要性完全掌握在你手裡，千萬不要因為公務繁忙，就抹煞了這個重要性。

這讓我想起從前聽過的一個故事：花瓶與大石子的啟示。

某天，一位負責講授時間管理的教授決定進行一項實驗。

他從他和學生之間的講桌底下拿出一只大花瓶，直接放在講桌。接著，他拿出數顆大石子，慢條斯理，逐個將石頭放入花瓶，一直到花瓶再也容納不下任何石子為止。然後，他抬起頭看著台下的學生，問：「這只花瓶滿了嗎？」

台下齊聲回答：「滿了。」

教授等了一會兒，再問：「是嗎？」

接著，他湊近講桌，從裡頭拿出一只裝滿沙礫的容器，然後不疾不徐將沙礫倒進瓶中的石子之間，並輕輕晃動瓶身。沙礫在石子的縫隙間滲漏，一直落到瓶底。老師再次望向台下的學生，並重複剛才的問題：「這只花瓶滿了嗎？」

台下學生開始了解到教授的用意。

其中一位回答：「應該沒有！」

「很好！」教授回答。

他接著又湊近講台，從裡頭拿出一袋沙，然後小心翼翼把沙子倒進花瓶中。細沙填滿了大石子與沙礫之間的縫隙。

教授又問了一次：「這只花瓶滿了嗎？」

這次台下學生毫不猶豫並異口同聲回答：「沒有！」

「很好！」教授回答。

接著他拿起講桌上的小水瓶，將水倒入花瓶，直到全滿為止。年邁的教授再度望向台下的學生，問：「這個實驗告訴了我們什麼大道理？」

一位急躁的學生聯想到課程名稱，回答：「告訴我們，你以為行事曆已經滿了的時候，只要你願意，還是可以在裡頭硬擠進幾個會議，和更多的待辦事項。」

「不對，」教授回答，「不是這樣。這個實驗告訴我們的大道理是：如果我們不先把大石子放入瓶中，就不可能把後面其他東西全部放進去。」

台下鴉雀無聲，每個人都思索教授剛才這番話。

這時教授問大家：「你們人生中的大石子是什麼？」

對我而言，挑戰過程中很重要的一課，的確就是如何不讓自己被繁忙的工作、與所有繁瑣的雜事淹沒（我的沙礫和沙子），以求在職場和家庭之間取得平衡，我同時也意識到，在我人生花瓶中放入一顆「享樂」之石的重要性。

小祕訣

・每天審視並評估自己被要務束縛的感受，允許自己享樂片刻，重新平衡自己的生活。

停止抱怨，或是對他人和自己付出、再付出

停止抱怨，就是不再讓自己挫折的情緒，堆積成無法攀越的高山，不再放大自己的憂慮，停止用抱怨來滋養這些情緒。停止抱怨，就是去體會我們的生命中，原來充滿許多美妙的事物，並選擇盡情享受。停止抱怨，也就是走出自我的框框，將目光投射在人生、投射在他人，還有那些需要我們的人身上。不要再對自己的遭遇自怨自艾，把精神放在自己的幸福和他人的幸福身上。不要費心思索旁人是否能帶給自己幸福，或是他們的表現是否符合我們的期待，而應該開始關心他們，在乎他們的幸福，還有我們能付出什麼來幫助他們。試著這麼做之後，突然間你就會發現，原來人生可以更加美麗、更加平靜。

我們無時無刻不在奮鬥，以求「生存」：帳單、房租、房貸、小孩的學費，還有滿滿的待辦

事項。我們每個人偶爾都會有受困其間的時刻，毫無片刻喘息追趕著，而忘了在乎自己。

然而，我堅信停止抱怨最好的方式，就是對自己的人生付出心力並做出貢獻。生命給予每個人天賦、恩賜，而我深信，獲得幸福最好的方式，就是與社會共享這些天賦與恩賜。我們幫助別人的時候、我們運用自己的天賦成就事業或家庭的時候、我們讓旁人的生活更美好的時候，就沒有抱怨的理由，因為我們覺得自己是有用的人。

本書也鼓勵想要停止抱怨的讀者每天審視、自問：「今天我要如何服務別人和自己？」或者：「今天我能對別人和自己付出什麼？」

每個人生來就有許多優點，卻傾向將其視為理所當然。有些人擅長經營人際關係或銷售；有的在藝術或學術領域表現出色；有的則擅長照顧別人，一切在我們眼中都是如此輕而易舉、理所當然，所以我們根本沒察覺到，這是自己獨有的天賦。所謂的自我成長，就是讓自己置身在能發揮一己長才的環境中，參與、促成我們關心的社會計畫。

其實我們內心深處，都渴望為所有人帶來幸福。不抱怨的挑戰鼓勵大家在生命中的每一天，讚美自己的天賦，用天賦幫助別人，因為我們付出一己之長的時候，就不會抱怨。每個人降臨人世的時候，都被賦予獨一無二的優點，擁有各自擅長的領域，而我們最應該做的，就是與旁人分享這樣的天賦。

然而，許多人甚至沒有意識到自己的天賦，所以也就無法利己利人。我們的人生是一個發現自我、付出自我的絕佳機會，讓我們認識與生俱來的天賦和長處，並在適當的時機善用天賦。

當然，分享的第一步就是必須走出自己的舒適圈。所謂的舒適圈，會讓人沒有慾望冒險、自我表現、自我超越。如果想要分享、付出、幫助別人，我們就必須主動積極，稍微走出自我的框框。我們必須阻止心頭的微弱聲音對我們說：「你以為你是誰？你怎麼比得上別人？你的行動改變不了什麼，你也沒辦法做出任何更好、更突出的表現。」

但是，如果我們專注在自己能為生命付出些什麼的時候，就不會有抱怨的理由。因為突然之間，生命就變成了一處遊樂場，讓人可以恣意發展，每一天都可以自由選擇，如何跟旁人分享我們的天賦。如此一來，我們就是在對生命付出，而不再是人生無常之下的受害者。

想要達到這種境界，我們必須克服內心最大的恐懼：對於失敗的恐懼（或者可能是對成功的恐懼）。其實有時候，我們會告訴自己：「其他人會怎麼想？」我們對「挺身而出」這件事感到擔憂，害怕沒人跟隨我們，害怕其他人評斷我們。

不要自我設限

「我們最深沉的恐懼並不是我們無法做到，我們最深沉的恐懼，是我們的力量大到足以超越所有的極限；我們自身的光亮——而不是黑暗面——才最教人感到害怕。我們會問自己：『我這個人算什麼？輪得到我大放異彩、嶄露頭角？』事實上，你又憑什麼不能夠呢？你是上帝的子民啊！自我設限，低調生活並無助於這個世界。上天的旨意並不是要你卑微活著，以免造成別人的不安。我們出生在這世上，是為了彰顯存在於我們內心的神榮耀。這份榮光並不是只存在於少數人之中，而是存在於每個人的心中。隨著我們讓內心的光亮大放異彩的同時，旁人也會不知不覺被我們潛移默化。擺脫我們內在的恐懼，就等於是讓其他人也獲得解脫。」

——瑪麗安・威廉森（Marianne Williamson），

瑪麗安・威廉森的這段話改變了我的人生。對某些人來說，這段話或許太過著重在信仰層次，但我個人是打從心裡認同作者。每個人生而平等，內在都掌握著大放異彩、嶄露頭角的力量，而我們幸福的泉源，以及停止抱怨最好的方式，就是讓自己達到這樣的境界！

我們不應該害怕向前邁進、害怕嶄露頭角，而應當體察內在的天賦並與人分享。付出自我，並允許自己不斷超越自我。成功之時，無須感到愧疚，並擺脫「成功就是矯情」這種根深蒂固的執念，讓自己隨心所欲發揮長才，這才是付出與分享最好的方式。

在職場上，我付出的是百分之兩百。每一天我都會分享些微的自己和我的天賦，每時每刻提醒自己離開個人的舒適圈，因此我獲得了甜美的成功果實。一整年當中，我會不斷問自己：「我可以做些什麼來分享我的成就，付出更多一些，更有效幫助別人？」

好比說在幾個月前，我決定把百分之十的收入，捐給讓我受益良多的人或組織，無論是行事理念獲得我認同的組織，或是曾經用言語讓我深受感動的對象；我也會因為一本書啟發了我，而寄支票給作者；也曾捐錢給那些每天讓我獲益匪淺的客戶。另外一個例子是上個月我捐了一些錢給「喜願基金會」，因為我小孩學校裡的一位小女孩生了重病，但卻非常勇敢而且意志堅定，在基金會的幫助下實現了自己的願望。小女孩寫信請求我們的幫助，加入她為這個公益團體募集經費的舉動，讓我深受感動。捐出部分所得，是我讚美那些啟蒙者的方式，突顯他們在我生命中的位置，用我辛苦賺來的薪水來滋養我的靈感來源。

沒錯，透過付出，無論是付出自我或對別人付出，透過重新分配我們所獲得的事物，並分享我們的天賦和資源，也能夠幫助我們停止抱怨。

小叮嚀

- 接受自己的不完美，並力求全力以赴。
- 在日常活中為享樂保留一個位置，不要讓自己被沒完沒了的待辦事項淹沒。每一天都要過得充實。

・付出一己心力，不要害怕貢獻自己的長才，不要吝於跟大家分享你的專長、才能、熱衷的事物，還有專業。如此一來，你就不會有抱怨的理由！

・跟我一樣，試著捐出部分所得，屆時你會發現，這種方式擁有讓人生更加美好的魔力。

第三部分

二十一天：從抱怨到讚美

06 教戰守則

我再三思索抱怨對人生的影響之後，我才明白，抱怨並無助於改善情況。開口抱怨只會讓情況更糟，並波及身邊的人，而且坦白說，我發牢騷、吼叫、喋喋不休的時候，完全沒有採取任何有建設性的行動來改善情況。

另外，在抱怨的時候，我會將全副精神放在生活中的不順遂，阻礙自己留意那些順心如意的地方，太可惜了！

- 也許是因為抱怨可以讓我放鬆？只是我也不太確定這種放鬆方式有效。

・也許是因為抱怨可以讓我在短時間內獲得我要的東西？但是到頭來，抱怨卻無益於我人生的幸福，而且通常還有害。

於是我決定動用激烈手段來擺脫這項如影隨形、有害人生的積習，「我不再抱怨」的挑戰就是由此而來。當時我問自己，如果在孩子面前、在工作場合，在面對客戶、面對丈夫、面對有待處理的家務和計劃的時候，可以改掉我平日愛抱怨的習慣，那麼我的人生會有怎樣的改變？而我自己又會有怎樣不同的遭遇？

最後，我就帶著遊戲的心情，或者說是實驗的心情，展開這項挑戰。我完全是為了我自己，因為我天生是個好奇的人，忍不住想知道，如果在二十一天內，我可以全心全意改變抱怨的習慣，我的人生會發生什麼改變？當時我的想法就是展開一場「新春大掃除」，我很喜歡這樣的說法，然後連續二十一天，徹底根除任何形式的牢騷抱怨。

的確，這是困難的挑戰（很多人甚至會覺得這是不可能的任務），但是有件事我很確定，那就是對我而言，展開不抱怨的挑戰，就是敞開門扉，迎來更多的幸福、更多的生命喜悅，同時創造一個更美好的世界。

在興起挑戰的念頭之後，我開始使用部落格紀錄，現在則是出版這本書，兩者都為我的嘗試留下紀錄。

原則

原則很簡單，我首先在手腕上戴一只手環，提醒自己正在進行不抱怨的挑戰。

接下來，我仍舊正常過生活，每一天都和往常一樣，但是只要我發現自己不自覺抱怨的時候，我就會把手環換戴到另一隻手上，重新開始計算時間（沒錯！）。我可以坦白告訴各位讀者，展開挑戰的初期，手環就在我的兩隻手腕間不停交換位置，當下我才明白，自己竟然無時無刻不抱怨，還真是令人心驚！但我仍堅持不評斷自己的行為，只是單純更換手環的位置而已。

為什麼是二十一天？為了養成習慣嗎？

習慣

習慣是名陌生女子
僭越了我們的理性：
有如早年被辭退的女管家
徑自登堂入室。

但是粗心之人一旦戴上她的枷鎖
就只能任憑宰割！
這位踩著單調腳步的老婦人
催眠了初生的自由之心

——沙利普魯丹（René-François Sully Prudhomme），《長短詩集》

坦白告訴各位，抱怨是一種習慣。我也發現，每個人都會抱怨，而且自己完全沒有察覺，但就像我之前所說的，這種現象對我們的人生其實影響甚鉅，而這就是問題所在。抱怨的習慣已經根深蒂固，養成了我們無意識的反射動作，就像在下班回家的車裡點一根菸，或是走進電梯時掏出你的手機等，這類日常反射動作，完全是在你沒有留意的情況下完成。

十幾年前，我做出戒菸的重大決定，因為我意識到吸菸有害健康，而且我也不想活在這種無益的依賴之下。某天，我起身力行，順手把身上的香菸扔了。當時我才驚覺，其實點菸和吸菸的反射動作才是最難戒斷的，遠比缺少尼古丁的癮頭來得頑強，那種將香菸掐在指間，專心吞雲吐霧的手勢，讓人非常想念。戒菸期間，在公司或下班回家的晚上，我經常感覺到手中的空虛，而且有連續好幾年，幾乎每個晚上，我都會做相同的惡夢：自己不自覺點了一根菸（不是因為缺乏尼古丁的緣故），因為夢中的我忘了自己已經戒菸。

以上的個人經驗體現出，習慣是如何頑強存活在我們的潛意識之中，而且想要擺脫習慣，需要長時間抗戰。抱怨的反應也是一樣的道理，想要改變這種習慣，同時養成新的好習慣，並不是一件簡單的事。開始的時候，我們會覺得自己必須付出超人的努力才行。

一般來說，一個人需要二十一到二十八天才能擺脫積習，並用新的習慣取而代之，用二十一天到二十八天的時間，養成一個新習慣、新行為，創造新的慣性模式。二十一天或二十八天，其實並不那麼重要，重要的是能夠長時間堅持下去，徹底實現改變。撐得夠久（至少連續三個星期以上），才能從「努力不抱怨」的階段晉升到「創造第二天性」的境界，讓改變可以長久持續下去。

能夠持續一整天不抱怨的確很不錯，讓人可以暫時休息一下，但是各位很快就會發現，自己不知不覺中會再次受到習慣與反射行為的制約，兜了一圈後又回到原點。另外，許多投入挑戰的人會因為抱怨的習慣不斷佔上風，而覺得舉止受到牽制，然後灰心喪志。對於初期的挑戰者而言，要持續二十一天不抱怨，簡直是不可能的事情。

二十一天其實非常漫長，這也是我在過程中多次失敗的原因。到最後，我花了兩個多月的時間，才挑戰成功。如果讀者也躍躍欲試，首先不要評斷自己的表現，同時要持之以恆。能夠長時間堅持下去，你付出的努力才不會白費，你的人生也才能夠徹底改頭換面。

我在這裡要清楚告訴讀者，本書並不是要各位一夕之間就能夠樂觀看待人生，這種不切實際的想法，就像是要各位在短時間內就能跑完一場馬拉松，或減重十公斤一樣。但是無法在短時間內完成這些事，並不表示就得放棄，不是嗎？無論何種挑戰，我們都必須採取必要行動，好比說每天早晨去慢跑，或是戒掉在早晨食用巧克力醬吐司的習慣。

透過連續二十一天不抱怨的挑戰，各位能夠養成新的習慣、新的反射行為，而且根據科學家的說法，各位甚至可以在腦中建立新的連結。事實上，人類的習慣是來自於神經的連結，如果我們成天以某種方式思考、行動的話，聯絡這種方式的神經連結就會變得更加強勢、更加突出。簡單來說，愛抱怨的人在負面思考的連結，遠比偶爾抱怨的人更加強烈，這就是為什麼在短時間內徹底戒掉抱怨，是不可能的事。在挑戰中面對挫敗而必須重新開始的時候，請務必將這一點謹記在心。改變腦中的連結必須循序漸進完成，而唯一的方式就是長時間，並不厭其煩堅持下去。只要你用不同以往的方式思考、感受、行動，大腦就會慢慢「重新編程」，幫助你，不必一輩子在牢騷抱怨中度日！

小祕訣

・發現自己在抱怨的時候，請思考大腦中的相關連結，並選擇不要啟動。

學習過著不抱怨的生活

美國威斯康辛大學的理查・戴維森（Richard Davidson）教授曾說：「根據人類對大腦可塑性的了解，我們可以說，學習幸福或同理心等事物，並不會比學習演奏樂器或打網球來得困難。」因此，訓練大腦停止抱怨，轉而讚美、感激生命中美好的事物，並學習過得更加快樂，是完全辦得到的事情。想要達到這樣的境界，就必須一步步改變我們的習慣。

我個人花了兩個多月的時間，才達成不再抱怨的目標。在這段時間裡，我很細心照料自己（我其實很享受整個過程），找出讓自己抱怨的原因，並提出方法來改變生活。

我要再次強調，本書的用意並不是要讀者為了追求平衡、追求幸福，而否定人生中的要事，然後勉強自己樂觀看待人生，直到數個小時之後，再次爆發開來。

> **現身說法**
>
> 我撐過四天沒有抱怨的日子就得意忘形，覺得自己何必需要二十一天？往後只需每天稍加留意就好，結果卻狼狽慘敗！而且我驚覺，自己抱怨的傾向變本加厲，因為負面情緒已經「污染」了我。現在我努力克制自己悲觀的那一面，抱著必勝的決心重新投入挑戰，而且我還買了一只新手環，因為之前的壞了（橡皮破損）。——網友／艾蜜麗

為什麼要佩戴手環？

讀者如果也想展開挑戰，在此我想要強調佩戴手環的重要性（橡皮材質會比較方便）。每次抱怨就將手環左右對調的方式，對創造新的大腦連結會非常有幫助，並有益於新習慣的養成。手環能夠提醒我們正在進行挑戰，同時在追尋平靜無抱怨生活的道路上，讓我們更加明白自己進步的程度，是一樣非常有用的道具。

以下提供幾條規則給各位：

• **選定自己的一隻手戴上手環。**
• **發現自己在抱怨、發牢騷的時候，就將手環換到另一隻手上，然後重新計算時間。**
• **不要灰心，對自己有信心。**

你可能會需要好幾個月的時間才能達到目標，但屆時你將會發現，人生充滿了愛與喜悅，你會開始享受生命中的每一刻，每一天也過得更有意義。這是一個可以輕易付諸實現的挑戰，但卻會對人生產生深遠影響。只不過是單純拒絕抱怨，就能讓生活煥然一新，並改變周遭的人，真的很不可思議。將手環交替佩戴是很重要的一件事，這樣的手勢可以幫助大腦謹記挑戰的內容，並讓你清楚意識到自己的行為。各位一定要記得在每次抱怨的時候，更換手環的位置。

現身說法

我是在《心理學》雜誌上得知妳的部落格，當時我心想：「如果一位有三個孩子的職業婦女，都能投入停止抱怨的挑戰，就表示這是可行的，不如我也來試試看吧？」十幾天前，我也嘗試開始不抱怨，但是沒有佩戴手環，所以成效並不是很好。人很奇怪，總是會輕易忘記自己一頭熱時所下定的決心。——網友／里爾的克麗絲汀

小祕訣

- 發現自己在抱怨的時候，就將手環換邊佩戴，深吸一口氣，然後對自己說：「別把時間浪費在抱怨上，就是我賜給自己的禮物；我要充實度過人生的每一刻。」

要如何知道自己正在抱怨？

在挑戰的初期，網友經常向我提出這個大哉問。不妨讓我們來看看字典裡對抱怨的定義：發出苦惱的埋怨、咕噥及刺耳的呼吸聲；用氣惱的態度抗議。

抱怨還有哪些同義詞呢？埋怨、牢騷、怨懟、怨言、怨恨、挾恨、銜恨、懷恨、怪罪、責怪、責難、微言、嗔怪、歸罪、悲嘆、控訴、鬧情緒、怨天尤人、怨聲載道。

在進行挑戰的過程中，必須將抱怨當作是表達挫折感的一種方式，但是我們不可能避免挫折感出現，而又必須在挑戰過程中，盡量不「表達」惱怒的情緒，所以如果只是在心中默默嘀咕，就不算是抱怨，也不必將手環換邊佩戴。

我之所以覺得心裡的牢騷無傷大雅，是因為如果你以為，還有其他排解情緒的替代方案，在我看來，這是不切實際的想法。起初我也嘗試著不要在心裡嘀咕，但我實在不曉得該如何避免挫折的情緒出現，除非我拋家棄子，一個人躲在灑滿陽光的游泳池畔啜飲雞尾酒。（說不定這麼做還不夠！）

每一天我們都會遇到許多抱怨的理由。就算在挑戰過程中，你已盡量避免不必要的抱怨，但要全盤擺脫挫折情緒的來源，或所有負面的想法，是不太可能的。因此，我在這裡鼓勵讀者，先從避免用抱怨傳達挫折的情緒開始。我們透過抱怨來表達情緒的時候，生活也會跟著受到影響。每晚就寢的時候，腦海中回想起的，就是白天脫口而出的話語，這些話會影響周遭的人，尤其是負面的字句，更會污染你的生活，制約你的反應。進行挑戰必須遵守的規則是：

- **不要高聲抱怨。**
- **我們總會找到其他方式來排解挫折的情緒。**
- **需要透過溝通來解決問題的時候，請不要對相關當事人開口抱怨（這一點非常重要）。**

當然，有時候我們會需要透過叫喊、牢騷、爆怒，來表達自己的不滿和痛苦，關於這一點實在沒什麼好遮遮掩掩的！可是問題是，在大部分的時間裡，我們完全沒有察覺到，自己三不五時就在抱怨。我們對朋友、配偶、鄰居抱怨（通常他們跟這一切沒有任何關係），但這並無助於解決問題。這樣下去，煩惱只會如影隨形，讓痛苦敗壞我們的生活。只要能夠改掉抱怨的習慣，我們就會釋放出更多空間，來思考自己追求的東西，對自己的人生負責，珍惜身邊擁有的一切，養成感恩的態度。

展開挑戰的頭幾天

打從挑戰的第一天開始，就像是走在一條充滿驚奇與自覺的道路上。剛開始挑戰的時候，我經歷了所謂的「手環竹竿舞」：從左手換到右手，再從右手換到左手，整天下來沒完沒了，當時我真高興手環是橡膠材質的！

後來我明白，如果想要停止一再重新來過，最要緊的，就是先找出那些必定會讓我開口抱怨的情況，看自己有沒有辦法避免或改變這些情況。透過這種方式，我發現每天早上是最危險的地雷區（緊接著是傍晚時間），因為我得應付三個女兒，準備早餐、中午的便當、分別送孩子到三個不同的學校，要跟時間賽跑，危機一觸即發！

從前的我每逢早晨就會抱怨、碎碎念，覺得緊迫的時間把我壓得喘不過氣來，而且我會在孩子面前化身女警：「穿好衣服，快吃早飯！什麼？妳不知道妳的鞋子在哪裡？快、快、快！」這的確不是一個迎接一天的理想方式。在理想的生活中，我想要一個平靜的早晨，一個家人融洽相處的時刻，在送女兒上學跟我展開工作之前，可以跟孩子輕聲細語說話。

於是我開始思索，該怎麼做才能避免一再落入混亂的情況，因為這可能是讓我停止抱怨最有效的方式。如果我能夠斬斷抱怨的根源，挑戰就會變得比較容易！我也不用再隱忍下去！於是我按部就班，做了一些改變：

- 我要求孩子，前一晚就自行準備好隔天要帶到學校的午餐。（在美國，並不是每所學校都有餐廳。）
- 我要求她們，前一晚就選好隔天要穿的衣服，並養成習慣。（關於鞋子的部分，我還在努力當中！）
- 我會在前一天晚上就把咖啡機準備好。
- 我逼自己早起一些，後來也成功了。（這在以前是完全不可能的事。）

這個挑戰讓我很快了解到，清楚表達我能接受和不能接受的範圍有多重要，於是我給自己的任務就是，避免面對勢必會讓我開口抱怨的情況。

・如果晚上六點我還坐在辦公桌前，而當晚又輪到我準備晚餐的話，我很清楚孩子一定會來吵著說肚子餓，讓我倍感壓力。這個時候，我可以暫停工作去準備晚餐，或是選擇先把工作完成，但是不開口抱怨。選擇權在我的手中。

・如果有個重要的會面，我會選擇提早十分鐘出門，而不是選擇出門前再耽擱一下，去做會讓我遲到的最後一件事。

一直到今天為止，我總是優先考慮這些事情，留心不讓自己落入可能觸發壓力或挫折情緒的情況，每一次感覺自己可能就要失控的時候，我會儘早築起防火牆，絕對不會拖延到沒有轉圜的餘地。

其實在進行挑戰的過程中，我很快就明白，重點並不在於微笑著逆來順受，也不是強迫自己樂觀看待人生，佯裝自己生活在「歡樂熊」的世界裡，而應該是建立一個健康人生的計畫，用更愉悅的心情度過每一刻，在遭逢困頓的時候，拿出負責的態度，思考自己可以如何重新爬梳事理，另闢蹊徑，化解阻礙。

凡是採取逆來順受策略的挑戰者，通常撐不過幾小時或幾天，而且到頭來，也無法獲得當初所預期的成果：一個更加幸福、更加平靜、更加豐富的人生。

挑戰的四個時期

在閱讀本書的過程中，如果你也興起了挑戰不抱怨的念頭，那我真的要恭喜你！因為你即將展開一段探索自我的豐富旅程，了解到幸福原來唾手可得。

經過這次挑戰並針對改變自我進行研究之後，我發現可以把停止抱怨的挑戰區分成四大時期。這裡我想花一點時間詳述一下，好讓讀者了解，自己會面臨到哪些情況，再說，當初我也很希望有人能給我一些指點。總之，挑戰一共由四個階段組成，時間長短完全因人而異。有的人到了某個時期或階段，需要花費比較久的時間，所以就這一點來跟別人比較，沒有任何意義；這是一趟屬於你自己的旅程。

第一階段：滿懷希望的喜悅

這是我們興起挑戰念頭的時期，我們心裡會想：「何不把抱怨這個毛病戒掉呢？為什麼不試試看呢？」在這個時期，我們還沒有意識到自己愛抱怨的程度，也不曉得抱怨是種反射的慣性動作，更遑論改正這樣的毛病。我也曾遇到有人在這個時期，知道自己經常抱怨，但是卻沒意識到抱怨已經成了習慣，而且根深蒂固。對所有人而言，這個時期叫做「我們沒意識到自己不知道」。

第二階段：察覺挑戰的困難

這也是「手環竹竿舞」的時期，因為我們動不動就抱怨，所以經常得將手環換邊戴。從這個時候開始，我才意識到自己愛抱怨的程度，但卻束手無策。這個階段就是「我們意識到自己不知道」，提醒我們必須扮演學生的角色，重頭開始學起。這是一個困難重重的階段，我們會遭遇頑強抵抗而想要放棄。開始挑戰的頭兩、三天其實還算有趣，但是接下來我們就會告訴自己：「這太難了，簡直是不可能的任務，我何苦用這個挑戰折磨自己？難道日常生活面對的煩惱還不夠多嗎？」大多數人都是在這個時期就放棄了。為了幫助各位挺過這個階段，我要你們記住這句話：

「成功，就是面對一次次的失敗，卻仍能夠保有熱忱。」

儘管三到五個月後，你可能會認為自己仍在原地踏步，但我必須告訴你，完全不是那麼一回事。你並沒有停在原點，就算你覺得自己始終在原地打轉，但你其實正在往前邁進。每一次換邊佩戴手環的動作，都表示與大腦建立了更深的連結，每一次失敗都給予我們可貴的啟示。

第三階段：度過幾個小時或幾天不抱怨的日子

我們終於有了些成果（原來還有希望！）。我開始可以自我克制，在開口之前忖度再三，可以面對自己的需求而不抱怨，能夠用不同以往的方式來表達自己挫折的情緒。我們「頭腦清醒」，非常專注於自我克制。持久度的計算就是從這個階段開始，我們一般可以連續三到十天不抱怨，而且也不希望再發生換邊戴手環的情況。因為只要一開口抱怨，我們就得把時間重新歸零，不過我們已經曉得自己有機會成功。這是「我們知道該如何停止抱怨」的階段，從這個階段開始，關鍵在於堅持下去，根除抱怨的惡習，並徹頭徹尾實現改變。

第四階段（最後階段！）：凌駕抱怨

這是「忘卻自己已知」的階段。我們忘卻了技巧，一切都是自然而然。我們改變了自己的習慣，不抱怨成了我們的第二天性。只要能夠連續度過二十一天不抱怨的日子，我們就能夠進入這個階段。我們不僅增長了智慧，也徹底改頭換面，人生有了新的面貌。

小叮嚀

挑戰的四個階段：

- 欣喜的階段：「我們不知道，原來自己並不曉得如何停止抱怨。」
- 醒悟與手環竹竿舞階段：「我們知道，原來自己並不曉得如何停止抱怨。」
- 有進展的階段：成功度過幾天不抱怨的日子，「我們知道自己曉得如何停止抱怨。」
- 凌駕抱怨的階段（堅持連續二十一天不抱怨的挑戰者，才能達到的境界）：「忘卻自己已知。」不再抱怨成為我們根深蒂固的天性。

從抱怨到讚美的挑戰

「優質的人生並非取決於生命帶給你什麼，而是取決於你對生命的態度；也並非取決於你的境遇，而是取決於你如何看待自己的遭遇。」

——哈利勒・紀伯倫（Khalil Gibran）

「如果你忘了自己創造幸福，到遠方追尋幸福也只是徒然。」

——盧梭，《關於美德與幸福的信札》，未出版過的作品和書信

我認為，因為沒有能力改變自己的遭遇所造成的沮喪情緒，會讓我們選擇將專注力聚焦在生活大大小小的問題上。因為我們無能為力，只能默默承受，所以我們抱怨，將所有精神都浪費在這上頭。

- 捷運停駛，我們沒轍，於是抱怨。
- 老闆的情緒反應，我們沒轍，於是抱怨。
- 伴侶的選擇，我們沒轍，於是抱怨。
- 下雨、下雪、寒流，我們沒轍，於是抱怨。
- 孩子的態度，我們沒轍，於是抱怨。
- 路上塞車，我們沒轍，於是抱怨。
- 頭痛、背痛，我們沒轍，於是抱怨。

這些例子可以沒完沒了繼續列下去，但是你會發現，抱怨讓我們錯過了許多美好的事物。當初進行挑戰的時候，我會每天定期回顧，我發現，這些牢騷抱怨污染了我的生活：

- 我抱怨家中凌亂。
- 我抱怨小孩不聽我的話。

• 我抱怨阻礙我準時的一切事物。
• 我抱怨總是沒完沒了的待辦事項，還有那些我忘記完成的事項。

過去的我實在太愛抱怨了，結果日子一天天過去，而我只能說：「可惡，一天又過去了，我卻沒有好好利用！」我一直覺得自己在虛擲人生，我的生命裡充滿了挫折、失望、悔恨。我們抱怨的時候，就是在表達行不通的地方，到最後，慢慢地，我們舉目所及，就只有這些行不通的部份。小小的問題堆成了一座高山，我們執著於種種的不快樂，讓生命中可以抱怨的理由愈來愈多。

停止抱怨能讓我們將專注力放在手邊擁有的一切，以及生命裡追求的事物，而不是我們避之唯恐不及的東西，同時讓我們看清，什麼才能幫助自己快樂度日，然後讚美我們所擁有的一切。我深信，我們專注在什麼事物上，那樣東西就會佔據我們生命中最重要的位置，並會成為我們的現實、作息與人生。

如果讀者想要追求真正的幸福，就必須將幸福納入你對生命的體會，而不是從這些體會中得到幸福。這種獨特的觀點不是很有趣嗎？

請各位慢慢品味這句能夠改變人生的箴言。我們抱怨的時候，通常是因為我們感到失望，因為種種體會並不能帶給自己幸福。但事實上，應該是由我們將幸福帶到這些體會之中，而不是本末倒置。

我們應該在當下創造自己的幸福，因為幸福掌握在自己手中，並不存在於未來，也不存在於生命不可知的那一面。

只要我們戒掉抱怨，就會空出更多的位置容納幸福。停止在言談中抱怨，我們就能釋放能量，產生更多空間與空白（剛開始時偶爾會感到不自在）。從那一刻起，我們會開始留意過去從不曾注意到的小事物，慢慢開始播下幸福的種子。

從前在生命中我們認為理所當然的事物，如今在生命中佔有更多的位置。我們可以讓自己沉浸其間，充分享受人生。我們讚美一杯茶的滋味、窗前開滿花的樹木、令人通體舒暢的新鮮空氣、過來給你擁抱的孩子、比平常早回家跟你共進晚餐的另一半、一位打電話問候你的朋友、用旋律讓你起舞的音樂家、用文字啟發我們的作家、在晚餐席間彼此分享的笑語、讓人很有成就感的工作……等等。

透過這項挑戰，我想要在自己的人生中，空出更多值得讚美的空間。我想要將抱怨轉化為感激，我想要充分享受人生，停止把注意力聚焦在各種阻礙與困頓上；我想要對生命表達感激，感謝我有活著的機會。

小叮嚀

「成為你希望在這世上看到的改變。」——甘地

- 開始在手腕上戴上手環，提醒自己正在進行一項挑戰。
- 察覺自己正在高聲抱怨的時候，請將手環換邊佩戴（挑戰初期，如果你交換手環的次數很頻繁，請不用擔心）。每次你換邊佩戴手環，為期二十一天的挑戰就必須重新開始計算。（沒錯！）

- 避免用評斷和抱怨的態度，表達你的挫折或需求。
- 花點時間，釐清自己正在挑戰過程中的哪個階段。
- 別忘了用讚美取代抱怨，並與其他人分享你對生命的感謝。

07

問與答

我需要多少時間才能挑戰成功？

根據平均數據，一般人每天大概會抱怨二十到七十次。一般而言，有意願的挑戰者需要二到十個月的時間，才能成功做到連續二十一天不抱怨，但這是一個值得投入的挑戰。

請記得，只有抱怨脫口而出的時候，你才需要將手環換邊佩戴。如果你是在心裡碎碎唸，那就不算數。（放心了嗎？）

你將會發現，愈是克制自己不抱怨，愈能夠避免置身在會導致挫折情緒出現的情況，如此一來，抱怨的藉口也會跟著減少。這種方式會重新格式化你的心智硬碟，讓你掌握自己的人生，成為一個更快樂的人。

我不會說這是一項容易的挑戰，因為連我自己都經歷了許多困難，而且其他的挑戰者也表示，這是一項非常挑戰自我的試煉。有時候，想要讓自己的人生更好，就必須付出許多努力，就算你覺得困難，那也不表示你不會成功。

別忘記要繼續正常過日子，不要被二十一天的目標牽絆住。想要成功，只需要從每天早上開始，謹記停止抱怨的承諾，如此持續一整天，對第一次挑戰者來說，至少要能謹記一個小時。如此循序漸進、按部就班，你就能夠取得進步，挑戰也會變得較為簡單、較為容易，一直到你慶祝二十一天的目標達成為止。

二十一天這個挑戰的重點，只是一個幫助你改變人生的里程碑，而且我也希望，讀者能夠度過連續四百天不抱怨的日子！請記住，每一個沒有抱怨的小時或日子，都是你送給自己的禮物。無論如何，就算你需要兩年，才能實現二十一天的目標，你也將會發現，從成功的第一天起，你就能享受到這個挑戰所帶來的益處。

馬克・吐溫在《聖女貞德傳》中說過：「改掉習慣並不是將之扔到窗外那般簡單，而應該是讓習慣一階跨下一階，走下樓梯。」我的一位部落格網友也曾寫下：「而某些樓梯總是會比一般的來得更長些！」

沒錯，有時候，改變是條充滿摸索與失敗的道路，但成功總是會在盡頭等待懂得堅持下去的人。為了佐證這一點，我要說愛迪生如果當初因為失敗就放棄的話，他絕對不可能發明那麼多電器，每個失敗都證明了愛迪生願意嘗試，每次失敗都是一個啟示，引導他往目標靠近。

各位不妨也保持著一樣的心態來看待自己的挑戰，從失敗中學習，全心全意投入，相信自己能夠實現目標。如果失敗了，就重新開始吧！

現身說法

每天早上，我的瑜伽老師都會問學生：你此時此刻覺得如何？有一次我回答：「很正面。」我相信，這是因為過去一個禮拜以來，我進行了不抱怨的挑戰。從我面對世界自我定位的方式中，我可以深刻感覺到不同以往的改變。整個週末，手環不斷在左右手腕上換來換去，但這就代表我失敗了嗎？我可不這麼想。因為我跟周遭的人、跟我自己相處的時候，我表現出愉悅的態度。我可以說，這是一個不同以往的星期一，但我也不知道為什麼。腕間美麗的手環，提醒我正在展開一趟美好的旅程，而我想我為自己感到驕傲。或許要持續二十一天非常困難，但是在達成目標之前，我已經經歷了許多感受，這不才是最重要的嗎？——網友／安娜貝兒

我們在教育孩子的時候，會不會抱怨？

挑戰者經常向我提出這個問題。其實孩子都擁有超越限制的天賦，完全無視我們的要求，敢於冒險，心中的渴望總是凌駕於理智之上。自然而然，大人就會想透過管教的方式，將他們引導到正途上。用管教來規範自己的孩子，是身為父母最重要的職責之一。無論如何，我都不希望因為你接受不抱怨的挑戰，就疏忽了這項工作。

然而，我卻發現，有許多父母會把管教與抱怨混為一談，而我堅信可以不用抱怨來教養自己

的孩子。我們可以告訴他們「不行」、「注意」、「我不答應」、「我不同意」、「我不能接受這樣的行為」，而不必抱怨。我注意到，有時候家長會動不動就抱怨自己的小孩，讓孩子不幸成為他們抱怨言辭的頭號受害者。我們總是以管教為藉口，而將所有的錯誤算在孩子頭上：不聽話、東西亂丟亂放、只會想到自己、從不幫忙家務、沒有教養、不懷好意、自私自利、不乖、麻木不仁、讓人頭痛。

後來我翻開字典，查詢「教養」的定義，坦白說，詞條的解釋讓我非常震驚：「教養：規範某人或團體服從，遵守確保集體秩序的一切規則。」

同義詞有：使服從、支配、馴化、教育、養育、培育、控制、支配、使屈從、降服。

的確，教養一詞經常帶有統治與歸順的意涵，我覺得相當可惜。我並不反對規範自己小孩，引導他們，明確畫出他們不應該逾越的界限，但是藉口他們年紀還小，而且我們是小孩的父母，就對他們疾言厲色，讓我無法接受。父母總是抱怨自己的孩子，評斷他們的行為。我們牢騷滿腹，但是其實我們非常愛自己的孩子，而我們所做的一切都是為了孩子好。

但是，一再抱怨的結果，到頭來卻阻礙了溝通的管道。孩子對父母親避之唯恐不及，因為沒有人願意被人嫌棄。我們試圖用抱怨來放大孩子的缺失，藉此強迫他們改變，但是很遺憾，這麼做並無法驅使孩子改進自己的行為。

我不認為管教是一件簡單的事，連我自己每天都得面對這樣的課題。此外，在挑戰停止抱怨的過程中，我發現，自己經常在還沒明確告訴孩子，我對她們的期待之前，就開口抱怨，而且也不管孩子有沒有聽懂我對她們的要求。我們之所以抱怨，是因為孩子的行為舉止不符合我們的期待，但是很多時候，我們也沒有好好引導他們，讓他們能夠正確行事。難道不是嗎？

另外，我還發現，孩子經常是大人自我偏差下的受害者。我們自己遲到了，卻遷怒在孩子身上；我們工作忙不過來，就對孩子大吼大叫，把他們當作宣洩壓力的對象。而且有時候，我們還會因為害怕得去面對（或是懶得去面對），就放任情況慢慢失控，事後再當著孩子的面爆發開來，大肆抱怨。不抱怨的管教就是試著明確告訴孩子，我們所能接受的界限，同時竭盡所能實現這樣的境界。

我要鼓勵讀者，觀察自己每次對著孩子抱怨，當著他們的面碎碎唸、吼叫，對他們搖頭歎息的時候，是什麼樣子？難道這是你所樂見的嗎？我不敢說自己能夠解決一切有關子女教養的問題，但是我知道，只要戴上手環，投入連續二十一天不抱怨的挑戰，你就能夠展開一趟充滿體會、自省的旅程，懂得擔負責任、懂得交流溝通，這樣的成果對增進親子關係也是大有裨益。

八卦也算是抱怨嗎？

有一天，一位部落格讀者提出了一個非常好的問題：「一群人在談論最新的八卦時，也算是在抱怨嗎？」一群朋友或同事，分享關於某位不在場人士的好事或壞事時，我認為——如果僅止於單純的訊息分享，包括好消息或壞消息——這並不算是抱怨，反而是一種關心的表現。我們打聽對方的近況、保持聯繫，試著建立關係。但是如果我們談論某人的八卦，用負面的言辭評斷對方（造謠、中傷），而且語帶輕蔑，有意損害對方的形象時，就等於是在說此人的壞話。我們之所這麼做，有兩個原因：

・讓我們覺得自己很了不起。

・讓我們有話題可以跟旁人分享。

我必須很遺憾地說，情況確實如此，每個人都曾這麼做過，包括我自己在內。

在此提醒各位讀者，在停止抱怨的挑戰中，我們應該試圖跟造成問題的各方溝通，如果你溝通的對象跟問題本身無關，那麼雙方進行的就該是有益的交流，一個分享情感、訴說困難的場合，你向對方請益，一起找出合適的解決辦法。

如果交流的內容涉及對某位不在場人士的評斷，就等於是逾越了本書挑戰所劃定的範圍。

這一連串的思考讓我想起小時候母親貼在家中牆上，一篇有關三個篩網的文章。文章內容如下：

蘇格拉底的三道篩網

古希臘哲人蘇格拉底向來有許多高明的見解。某天有人找上門來對他說：「你知道我剛聽說你的朋友做了什麼嗎？」

「請等一下，」蘇格拉底回應，「在聽你說之前，我希望你先接受一個名叫『三個篩網』的測驗。」

「三個篩網？」

「是的，」蘇格拉底表示，「在訴說關於其他人的一切之前，建議你先花點時間，過濾一下你想要說的內容，這就是我所說的三個篩網測驗。第一個是真相篩網。你有查證過，想告訴我的內容都是實情嗎？」

「沒有，我不過是聽說而已。」

「很好，所以你不確定這些是不是實情真相。那麼讓我們用第二道篩網來進一步過濾：善意的篩網。關於你想向我透露有關我朋友的事情，是不是都是好事呢？」

「不是！恰恰相反。」

「所以說，」蘇格拉底接著說，「你想跟我說他的壞話，但你甚至不確定內容是否屬實。不過你還是得繼續進行測驗，因為還剩下一道效益篩網。你想告訴我的事情是有用處的嗎？」

「沒有，並不算有。」

「這麼說來，」蘇格拉底總結表示，「你要告訴我的既不是實情、也不是好話，更沒有用處，那你為什麼要告訴我呢？」

沒錯，我要再次強調，請透過本書的挑戰學習慎言。言語具有份量，必須學習好好運用：「請在沒有脫口而出之前，吞下那些不懷好意的言詞，從沒有人會因為如此而傷了腸胃。」

小叮嚀

・討論八卦的時候，請將三個篩網的測驗銘記在心：

真相——查證我們想說的內容是否屬實？

善意——我們想說的是不是好事？

用處——我們轉述的內容是否有用？

為什麼要分享既不符合實情、不懷好意，而且毫無用處的內容呢？

停止抱怨如何創造正向改變？

「如果你認為自己太過渺小，不足以改變任何事物，那麼請試著在臥房裡與一隻蚊子共眠。」

——非洲古諺

「規定自己接受某些約束，我們就能夠改變自己的態度、觀念，以及存在的方式。……我們先從隔絕會導致痛苦的因素開始著手，接著留心慢慢消除這些痛苦因素，同時培養能夠獲致幸福的因素，這才是應該依循的法門。」

——達賴喇嘛，《快樂：達賴喇嘛的人生智慧》

「如果你看不慣某件事情，就改變那件事；如果你無法改變，那就改變自己的態度，不要抱怨。」

——馬雅・安哲羅（Maya Angelou）／美國知名作家

「一張沒有烏托邦的世界地圖，是不值得一看的。」

——王爾德，《社會主義下人的靈魂》

抱怨是在傳遞負面能量，而負面能量並不能創造正面效果。因此，只要成功擺脫抱怨並學會讚美，就等於是將緊張、躁動與焦慮的感受趕出你的生活，遠離原本沉重、緊繃的生活，開創出輕鬆、開放的人生。這一點呼應了我在部落格上，將人生當做是一方待耕花園的比喻。如果你播下胡蘿蔔的種子，那麼就會得到胡蘿蔔，不用期待你會得到草莓。

人生也是如此。抱怨的時候，就等於是種下挫折、消極、評斷與被害妄想的種子，所以你也不必期待能夠收穫一個平靜、幸福、成功並受到尊重的人生。

為了讓讀者了解停止抱怨的挑戰如何改變我的人生，就讓我把時間向後快轉一點，來到我挑戰接近尾聲的時候。當時經過兩個月的嘗試，我剛度過連續十七天不抱怨的日子。我和父母及其他家族成員聚在一起，慶祝表妹新婚大喜。我們一起在河岸邊用午餐，我的心裡洋溢著喜悅，感覺自己很開朗，彷彿欣喜之情隨時就要滿溢。我細細品味著每分每秒，然而，其實當天並沒有非常順利，只是我已經習慣在生活裡孕育幸福的種子，而不是助長挫折情緒的氣焰。當天的旅館房間跟預訂的有落差，窗戶面對一處商業區停車場，而不是網站上的優美風景；我被塞在車陣裡長達數小時；我很想念好幾個禮拜不見的老公；週間繁忙的工作讓我覺得疲倦，儘管如此，拜挑戰之賜，我並沒有因此而生悶氣，當時的我選擇享受、讚美當下片刻，愉快度過這美好的一天。我內心滿溢著喜悅之情，有一瞬間，這樣的情緒如此強烈、如此非比尋常，讓我幾乎無法承受，我內心有個微弱的聲音對我說：「妳值得這樣的幸福嗎？會不會發生什麼不幸，而毀了一切？」但我成功安撫了這個聲音。

我很幸福地活在當下。這不過是我人生中的一天，但我全心全意活在其中。這個挑戰讓我發自內心了解，我們真的可以擁有這樣實實在在的幸福。我也成功在大腦中建立起牢固的連結，讓我可以用令人耳目一新、值得再三回味的幸福感受，度過我的人生。

現在請各位試想，一旦這個挑戰的影響擴及廣義的社會，會是怎麼樣的一番景象。請各位回想之前，我說過言語對人生有莫大的影響，如果世上每一個人都能夠傳達公正、如實的言語，人類現在的情況就會全然不同。如果每個人都能夠撇開自身的小小不幸；如果我們能夠將生命視為恩賜；如果我們能對人生負責，竭盡所能改變不滿意的事物，各位能夠想像，屆時將會是何等局面？如果我們完全無能為力，但至少我們可以改變自己的態度。

這個挑戰讓我們認識自己的需求，投入改變人生的行列，而不是自怨自艾。我們付出精神和努力，是為了追求更美好的人生，而不是對抗我們不滿意的情況。因此，我們應當：

- 與其「厭惡家中的雜亂」，不如推動「促進秩序」的行動方案。
- 與其「抱怨火車誤點」，不如「採取其他途徑紓緩情緒」。（出門帶一本書、下載喜歡的電視節目、攜帶隨身聽、購買一支智慧型手機、買輛機車、更換工作等等。）
- 與其當個受害者，不如做自己人生的主人。
- 與其容忍生活中的小痛苦，不如追求踏實過日子的幸福。

如果世上每一個人都能夠將精神放在解決問題，而不是抱怨問題，這世界會有多麼大的改變。許多人跟我說，這本書對法國人很重要，因為他們是聞名世界的抱怨鬼，但是追根究柢，我認為問題的癥結，不是法國人是不是比其他民族愛抱怨，而是我們是否能夠接受自己如此頻繁抱怨？在抱怨的過程中，我們是不是錯過了某些更重要的東西？如果法國人可以停止抱怨的話，法國有能力創造出什麼？要全國上下一同戒掉抱怨或許是烏托邦，但是我很喜歡這樣的烏托邦。

該怎麼做才能讓別人停止抱怨？

經常有人問我這個問題，相信各位也發現到，令人反感的缺點在別人身上，總是比在自己身上顯而易見。經過這次挑戰，我堅信改變要從自己開始做起。先問問你自己：「我是不是太愛抱怨？這樣抱怨的頻率會讓我開心嗎？減少抱怨對我是不是有好處？」

如果有同事、伴侶、親人、朋友在你眼中實在太愛抱怨，請先從觀察自己的言行開始。俄羅斯有句古諺說：「如果你想要清掃全世界，就先從清掃自家開始。」

我深信全體人類都是物以類聚，也認為生活中會令人抓狂的事，通常都是我們自己應該改進的部分。如果你身邊都是愛抱怨的人，而且讓你感到困擾，那麼很有可能你自己就很愛抱怨。就算你不常抱怨，而且對牢騷抱怨很感冒，但是如果你可以從自身開始，實踐停止抱怨，你的生活也會出現正面的變化。總而言之，我自己曾經有過非常真切的體會。

我想要對本書的讀者提出挑戰，慫恿各位現在就戴上手環，展開停止抱怨的挑戰。以謙恭崇敬的態度，觀察自己抱怨的次數。不要評斷你自己，也沒有人會評價你。帶著一顆謙虛的心觀察自己、了解自己。我相信，你會發現自己實際抱怨的次數，要比你所預期的更多。

你開始透過停止抱怨來改善生活的時候（就算你不認為自己愛抱怨），你就會成為積極人生的典範，進而潛移默化身邊的人。另外，只要你不加入抱怨者的行列，他們也就不會在你身旁抱怨。

這是給你自己的挑戰。看看鏡子中的你，了解自己抱怨的程度。你今天抱怨了嗎？那昨天呢？還有這個禮拜呢？

小祕訣

・抱怨像是口臭，只有從別人口中傳來的時候，我們才會發現。因此，我要鼓勵各位讀者從以身作則開始。

現身說法

今天早上，唉，我又帶著起床氣。我換上衣服，唉，怎麼什麼都穿不進去……。然後我跟自己說：「很好，要不我就一整天牢騷發個沒完，可惡，今天可是星期天耶；要不然我就去看克莉斯汀的部落格，或是閱讀阿諾・德雅爾丹（Arnaud Desjardins）的書。」後來，我決定聽聽妳怎麼說！而我終於不再抱怨了！我的生活，還有我周遭所有人的生活，都明亮了起來！謝謝妳，克莉斯汀，感謝妳在離家數千公里的地方，播下了好心情的種子。——網友／艾洛蒂

如果發現我認識的挑戰者正在抱怨時，該如何反應？

我認為如果你自己沒有進行這項挑戰，卻在一旁對你的朋友或同事挑戰者指指點點，是很不恰當的一件事。

如果你也是挑戰者的話，面對這種情況，你可以要對方留意自身抱怨的態度，並要求他把手環換邊佩戴。但是請注意，在這種情況下，你也必須將手環換邊佩戴，並重新開始計算時間。訂定這條規則的用意，是為了避免造成「抱怨糾察隊」出現，而造成挑戰者的反感，而且這也不是挑戰真正的目的。我完全不希望見到各位交相指責，而模糊了焦點。這是一個屬於你自己的挑戰，一趟你決心自己完成的個人旅程，而每位挑戰者都有自己進步的方式和步調。

如果你是一個人進行挑戰，可以請周遭的親友幫忙留意，你沒有特別抱怨的次數（而不是注意你抱怨的次數）。如果你是和朋友、同事或家人一起挑戰，請事先釐清規則，以發揮合作精神，彼此尊重、彼此協助。除了互相加油打氣之外，你們也可以在有人抱怨的時候糾舉對方，不過事後你必須跟朋友一起將時間歸零，這不失為一個為對方打氣的高尚方式，我聽說有些部落格讀者就是採用這種方法。

這輩子難道就不能再抱怨了嗎？

請放心，這並不是本挑戰的目的。（但我也不反對終生不再抱怨的想法！）不再抱怨的挑戰是為了幫助你改變習慣，所以才要求，連續二十一天當中對抱怨零容忍。之後各位將會發現，自然而然，你就再也找不到理由抱怨了。

某些讀者曾高分貝對我表示，在某些情況下，抱怨是有意義的作法。這一點我同意，但是我要各位提防，不要將此當做開脫的藉口。動動頭腦，清楚分析你抱怨的內容，你會發現這些抱怨通常沒有任何幫助，甚至是有害的。你以為發牢騷可以紓緩情緒，但事實上，這只會產生負面影響。我相信抱怨能夠發揮正面作用的情況極為罕見，甚至可以說根本就不存在。儘管如此，如果你覺得，自己正在經歷生命中一段艱困的時期（哀傷、痛苦、憂鬱、極度不愉快），那麼或許這並不是適合挑戰的好時機，建議你尋求所需的協助（心理醫生、醫生、輔導顧問、你所信仰的宗教）。不要獨自面對，請對外尋求幫助。

至於生活正常、沒有遭遇任何不幸的讀者，你想不想嘗試，連續二十一天完全不抱怨的挑戰呢？

儘管期間經歷多次失敗，但完成連續二十一天的挑戰之後，我可以感受到，自己真正卸下了過去扛在肩頭上的抱怨重擔。現在的我，心情如釋重負，而且更重要的是，我可以把精力用在我真正在乎的事情上：我的人生。

坦白告訴各位，現在我偶爾還是會抱怨，但是跟從前比起來，次數少了非常、非常多。這個零容忍度的挑戰，改變了我的直覺反應，讓我能在當下感受到，抱怨會對我自己和我周遭的人造成何種影響，所以我會當場停止抱怨，或是立刻尋求對方的諒解。

我現在可以說，自己的「零容忍抱怨範圍」已經大幅縮小。某些我在進行挑戰前可以默許自己的行為，如今我已無法接受，因為我知道這些牢騷是不尊重自己、不尊重人生的表現。

有些朋友現在還會想要抓我的小辮子，看我有沒有抱怨，或煽動我跟他們一起抱怨。最近有一次，我開車被塞在車陣中，後座一位同行的友人感到非常不耐，突然她看了我一眼說：「現在這種情況，不抱怨說不過去吧？」她的這番話讓我很吃驚，因為當時我完全不覺得有必要抱怨，我的腸胃沒有糾結，也沒有感到任何壓力，我不過是單純度過一個塞車的時刻而已。讀者朋友想不想試著挑戰一下？看看對你的生活會產生什麼樣的影響。

請注意，我所扮演的角色並不是糾察隊，或者是向你說明該怎麼做，因為這完全沒有意義。事實上，你想怎麼做就怎麼做，完全可以自由選擇你想過的生活，這是無庸置疑的。但我的問題是：你真的過著你要的生活嗎？你覺得自己實實在在活著，並把握住每一天嗎？或是剛好相反，你始終在等待某樣東西，某種更多、更好、更少、更不同的東西？你平常會抱怨幾次？你可以自然而然度過幾個星期，而完全不抱怨嗎？

你就是自己的裁判，說服你並不是我的用意。（我老早就放棄說服別人，這對我來說是不可能的挑戰，二〇一〇年四月我曾上過法國的 RMC 電台，參加「兩分鐘說服我」廣播節目，但僅只一次。）誠實面對自己，自己判斷你是否抱怨太多，並問自己是否願意改變。

你是否願意投入挑戰？是否有足夠的好奇心和動力，探索人生中隨之而來的改變？決定權掌握在你自己手裡。我有百分之三百的把握，這個挑戰將是百利而無一害的，你不覺得嗎？

現身說法

我認為「抱怨」這個字眼是一種折衷的表達方式，介於無法改變事實的「訴苦」，與一種將挫折及不滿情緒歸罪他人的「自我表達」之間。總而言之，對我來說，我抱怨的時候，我能清楚辨別，誠如妳所說的，這與負面和挫折情緒的產生息息相關，但這種負面反應需要生存的空間，而且不願被改變。因此對我來說，抱怨並無法改善情況，抱怨於事無補。但這是我自己的觀點，也許有的人會認為抱怨可以促成改變，不過這不適用在我身上，抱怨只會腐化我的內在！——網友／馬提雅斯

小叮嚀

- 付出耐心，不要評斷自己。停止抱怨的挑戰要從自己做起，一味指責旁人牢騷不斷，是無濟於事的。
- 如果你發現有其他挑戰者正在抱怨，你可以提醒對方留意自己的行為，不過同一時間，

你也必須將自己的手環換邊佩戴，一起和對方重新開始計算時間。

• 你投入這項挑戰的時候，就表示你願意參與，改變整個社會的心境。

結語

二十一天之後……

「生命就是必須迎接的挑戰、應該獲得的幸福與值得嘗試的冒險。」

——德蕾莎修女

我就這樣撐過了連續二十一天不抱怨的挑戰，我感到很自豪。我必須坦白告訴各位，這項挑戰會隨著時間過去，變得愈來愈理所當然，而且對我而言，也愈來愈簡單。到最後，抱怨漸漸淡出我的選擇範圍。

從今以後，面臨到問題或挫折，我可以拿出的應對態度也更加寬廣。我可以：

- **改變觀點。**
- **在最短的時間內盡全力控制情況。**
- **不以先入為主的態度去溝通，然後達成共識。**
- **耐心等待。**
- **調整自己，減低問題再次發生的機會。**

抱怨已不再是我考慮的選項，這讓我鬆了一口氣，因為我知道自己改掉了一個壞毛病，一個污染我、阻礙我踏實過日子的壞毛病。過去這毛病曾經束縛我，讓我成為受害者和控訴者。

各位讀者將會發現，在進行挑戰的時候，在投入連續二十一天不抱怨的過程中，你會培養出一種具體的樂觀情緒，協助你釋放自己並獲得力量，一種正面的、真實的力量，這是有助於進步的力量。你會奮起向前，踏出快意的每一步。你會感覺到自己很堅強、平靜，而且屹立不搖。

讓人生煥然一新的祕密，就掌握在你手裡

「我們體現的是自己一再重複的事物，因此，登峰造極並不是一種表現，而是一種習慣。」

——亞里斯多德，《尼各馬可倫理學》

「悲觀是心境使然，樂觀是意志所致。凡縱容自己的人都很可悲。」

——法國哲學家阿蘭，《論幸福》

有意識地一再嘗試格式化大腦這塊硬碟，並不是件容易的事，這一點我同意。但是各位可以從今天就開始力行，不用多久（無論如何時間都會流逝，所以我們並沒有損失），你就可以過著你衷心企盼的平靜生活，就像下面這位讀者的現身說法：

現身說法

嗯，坦白說，我對自己感到很驕傲，驕傲極了！總之，我從內心深處感到自己比從前更自在，而且我的女兒也感到很自在！自從開始嘗試減少抱怨，我能夠重拾溝通的心境，耐心解釋一些事情，我覺得自己又重新變成我心底的那個自己，一個我渴望成為的自己。能夠變成這樣的人，我感到很高興。欣喜的情緒遠超過我在抱怨時的感受，抱怨讓我覺得自己像是住在森林裡的壞女巫！——網友／NJ

這項挑戰就像是一本淺顯易懂的使用說明書，我希望各位讀者不要當做是一個可怕的挑戰，而要當做是一個獲得平靜的過程。請謹記，你的幸福、你的如釋重負、你品味人生時所感受到的喜悅，以及把握住你活著的一天，才是最終的目標。

而且是可以實現的目標！我在自己的生活中就有這樣的體會，另外我也定期會收到其他挑戰者的來信。他們跟我一樣，採用戴上手環的作法，並在每次抱怨時換手佩戴。藉由改變溝通的方式、溝通的語彙，他們也逐漸改變自己的想法，並開始對自己的人生負責，「開創」讓人感到幸福的每一天。這些挑戰者就跟你我沒有兩樣，他們曾來到我的部落格，訴說內心重拾的平靜，訴說他們和家人或同事重新建立的關係，還有他們的成功經驗。

度過不抱怨的人生起初是種選擇，之後就成為一種「生活保健」，需要每天鞭策自己。我們必須隨時隨地提醒自己，我們的目標和理念是什麼。

這並不是一個可以敷衍了事的挑戰，而是需要全心投入。我們必須不屈不撓，在自己心繫的領域裡，不斷自我改進。各位可以運用本書最後的練習，來幫助自己，可以記下每日心得，從中檢討學習，就像我用部落格紀錄挑戰過程一樣，我也歡迎各位上我的部落格，分享自己的經驗。

我們在成功人士（懂得進取、並克服障礙、獲得成功的人）身上都可以觀察到一項特質，那就是不屈不撓。透過本書的挑戰，每個人都能逐步向前，勇於接受阻礙，絕不會消極放棄或輕言退出，無論是成功或失敗，都能引以為鑑。

要能挑戰成功，首先就必須相信自己。相信自己有這個能耐，「開創」一個沒有理由再抱怨的人生。

在進行挑戰的過程中，你更能體會那些阻礙你充實度日的內、外在因素。接著，日復一日，你會改變習慣，建立一個令你心滿意足的人生。這是屬於你自己的挑戰，你必須對自己負責，並相信自己能贏得挑戰。我也相信各位絕對能夠成功。

現身說法

二〇一一年一月一日，我下定決心不再抱怨。

我其實早就知道有這麼一個挑戰，而且一直躍躍欲試，只是我始終覺得自己沒有準備好。就這樣猶豫了半年，我才成功放下矜持，相信自己能夠辦到。

當時讓我裹足不前的原因，是覺得這太困難，我絕對無法察覺到自己正在抱怨，因為這已經深植於我的日常生活。而且，我還沒有準備好，迎接隨之而來的重大轉變，像是害怕遠離自己家族文化的根源，或是某些建立在抱怨上的關係。

不過到後來，我還是決定過幸福的生活，認為離開某些負面關係，對自己只有好處。

但我並沒有背棄周遭抱怨的人，而是每天提醒自己，不需要助長抱怨的風氣，因為我認為這是有害物質。

我能夠傾聽發牢騷的人，但是和從前不同的是，每當感到抱怨正在影響我的時候，我會慢慢為自己劃定界線。我就是透過這種方式學習自重，同時也比從前更自愛。

我才剛剛啟動這個自我改造的過程，但是選對時機展開挑戰，讓我更有自信，也更加確信自己的決定：我要活得幸福，讓正面積極的人，或者說是正面積極的特質，來包圍我。——網友／瑪莉蘿兒

❀

某種傳染病正在世界各地以驚人的速度蔓延開來。世界福祉組織預告，十年之後，將會有數十億人受到該疾病的感染。以下是這個可怕「疾病」的症狀：

1. 傾向以個人直覺行事，而不是在恐懼、成見和過去包袱的壓力下採取行動。
2. 對評斷他人、評斷自己，以及煽動衝突完全提不起興趣。
3. 完全失去操心的能力（這是相當嚴重的症狀）。
4. 從欣賞人事物原貌的過程中獲得無窮樂趣，結果再也不想要改變他人了。
5. 強烈渴望讓自己煥然一新，以正面態度面對自己的思維、情緒、身體、物質生活和環境，以求持續開發，自己在健康、創造力與愛等層面上的潛能。
6. 持續不斷的微笑攻勢。這是種表示「感激」的微笑，體現出與生命共同體的團結與和諧。
7. 不斷敞開心胸，接納純真、簡單、笑容和歡樂。
8. 與靈魂清楚對話的次數愈來愈頻繁，創造出圓滿和幸福的愉悅感受。
9. 以扮演療癒者為樂，帶來光明與喜悅，而不是批評或冷漠。
10. 能夠與自己、伴侶、家人和社會，平等和諧共處，不會扮演受害者或加害者的角色。

11. 覺得自己有責任帶給世界一個富足、和諧與太平的未來夢，同時對此感到高興。

12. 全然接納自己在這世上的存在，並願意在每個當下選擇真、善、美、活力。

如果你想要繼續活在恐懼、依賴、衝突、疾病與因循守舊當中，就請避免與有上述症狀的人接觸。

這是具有高度傳染力的疾病！如果你已經有上述症狀，情況很可能已經無法挽回。藥物治療可以暫時消除某些症狀，但是無法遏止「病情」必然的蔓延，因為反幸福疫苗並不存在。

由於這種幸福病會導致人們喪失對死亡的恐懼，要知道，這是現代物質社會的信仰中心支柱之一，所以可能會造成某些社會動亂，例如好戰份子與理性人士罷工；幸福人士集結歌唱、跳舞並讚美生命；崇尚分享與療癒的小團體出現；發生大笑不止的危機，以及集體發洩情緒的活動應運而生。——網路流傳的不具名文章

附錄

不抱怨的練習

這個部分的用意是提供一份工具，協助各位進行挑戰。首先，我會介紹一些我個人挑選或設計的練習，幫助各位學習以自己為師，找出自己抱怨的核心原因，並幫助各位戒掉抱怨。

接下來，是我為讀者設計的私人日記，上面所提出的問題，都是我在做抱怨排毒治療時，每晚進行反省檢討，所問的問題。我鼓勵讀者利用這些問題，檢視自己、列出成果，並從中學習、汲取收穫。

戒除抱怨的幾個練習

先從主要的抱怨著手。

檢視過去半年來的狀況：

1. 最近生活中是否有發生讓你感到痛苦的情況？

你一直以來都在抱怨什麼？

例如：「我背痛」、「工作讓我爆肝」，或是「我覺得自己很肥」。

……………………………………………………

……………………………………………………

……………………………………………………

2. 有沒有可能將這種長期挫折，當做未來幾個月的挑戰目標？

……………………………………………………

……………………

……………………

3. 你會用何種理由或藉口來避免改變？

請盡可能誠實並詳盡作答。這個問題的用意並不是要自我鞭笞，而是為了幫助你，確認設定的目標不會造成衝突。

例如，你可能抱怨自己太胖，但是又沒辦法運動，因為會佔用到你跟家人相處的寶貴時間。或者，你想要自行創業，但是仍在研究想要經營的領域，同時也還沒有決定好公司的類型。

……………………

……………………

……………………

4. 一旦沒使用第三題所回答的理由或藉口，你會產生何種恐懼或焦慮？

例如：「何不花點時間運動呢？但是這樣一來，我跟家人相處的時間就會減少，另一半說不定會因為我不在家而難過。」或者：「為什麼不自己創業呢？我想先確定自己有十足的把握，而且也不敢肯定自己會是一個稱職的老闆，也不知道該成立何種公司。」

……………………

……………………

……………………

5. 有哪些考慮或先入為主的想法會阻礙你改變、消除挫折的情緒？

例如：「運動會佔用太多時間，反正也不會有什麼效果；我沒有創業應該具備的智慧，有太多事情得了解，再說，我對商界也不熟悉。」

……………………

……………………

……………………

6. 再看一遍上一題的回答，然後捫心自問，這是事實嗎？

……………………………………

……………………………………

……………………………………

7. 在這項挑戰中，你敢嘗試什麼從前不敢做的事？

例如：「每天早上我會做五分鐘仰臥起坐；每個月我會跟另一半約會至少兩次；我會在下午五點到八點之間關掉電腦，好好享受跟家人相處的時間；我會聯絡三位認識的企業老闆，向他們請益創業經驗；我會跟地方的企業主團體聯繫；我要聘請一位顧問來幫忙，訂定我很在乎的創業計畫。」

……………………………………

……………………………………

……………………………………

8. 了解自己主要的抱怨內容之後，下次想要抱怨的時候，想想看，你可以讚美哪些事物來取而代之？

例如：「我會讚美自己很努力恢復苗條身材，儘管過程緩慢但卻很踏實；我會讚美自己，把家庭和夫妻關係放在生活的第一位；我會讚美自己運氣不錯，能夠獲得許多擬定創業計畫的資源，讓我每個星期都能有所進展。」

……………………………………

……………………………………

……………………………………

造成抱怨的原因是什麼？

遭遇挫折或不順遂的時候，留心自己的反應是很重要的一件事。根據天性悲觀或樂觀的差異，每個人的反應也不盡相同。

悲觀者傾向認為，自己抱怨的原因是普遍的與經常的：「大眾運輸系統靠不住（普遍性，放諸四海皆準），總是會有誤點或罷工的情形發生（經常性）。」樂觀者傾向把自己挫折的情緒，歸咎於暫時與特殊的原因：「大巴黎郊區快車的A線（特定性）經常比其他路線更容易誤點，因為有些翻新工程（暫時性）必須進行。不過整體而言，這條路線對我來說還算穩定。」

遭遇挫折的時候，你會說什麼？

列舉這禮拜讓你開口抱怨的三種情況：

1. ……………………………………

2. ……………………………………

3. ……………………………………

分別寫下你在上述情況下對自己所說的話（不用試著修飾，無論內容是不是有失偏頗）：

1. ……………………………………

2. ……………………………………

3. ……………………………………………………………

接著檢視自己的答案，思考自己對於引發挫折的情況，是傾向當做持續與普遍的現象，或暫時與特殊的原因，並將結論記錄下來。

在每個答案前寫下簡稱，P代表持續性，T代表暫時性；U表示普遍性，S是特殊性。

每當你將情況歸咎於特殊與普遍的原因時，就等於是助長了挫折的氣焰，增加自己承受的壓力。你會覺得自己是受害者，感到氣餒而且無能為力，最後說：「真是何苦來哉啊！」

本練習取材自伊夫・亞歷山大・塔爾曼所著《樂觀看待人生的小小練習本》。

將注意力聚焦在解決之道上

回答以下問題：

1. 寫下最近讓你開口抱怨的一個情況：

請用1到10來評鑑你對這個情況的感受。1表示「這個情況讓我難受到了極點」；10代表「凡是都是為了最好的結果而存在」。

如果評鑑的結果是1，請跳到問題三。

2. 很好，你的評鑑結果並不是1！現在，請詳盡寫下，為什麼你會給這個分數，而不是更低的分數（像是1分）？

例如：「昨天我當著孩子的面抱怨。我給的分數是4，因為我不高興。但我沒有給1，是因為我覺得自己還算是個稱職的父母。在抱怨、吼叫之後，我有花時間道歉，並試著跟孩子說明我不允許的事情。」

3. 接著，思考自己能嘗試做些什麼，把滿意度的評鑑分數向上提高一分。

好好思考，並盡可能記下所有你能做的事情。例如：「要把分數從4提高到5，我可以做一個表格，列出希望孩子每天下課後完成的事情。我相信，這個表格可以幫助孩子，完成他應該做的事情，而我也不必開口抱怨。我也可以召開家庭會議，讓每個成員侃侃而談，達成共識，或是要求我的另一半，協助我完成這個挑戰，並與孩子溝通。」

……………………………………………

……………………………………………

……………………………………………

4. 檢視寫下的內容。為了增加滿意程度，你可以在接下來這幾天，立即展開什麼步驟？

例如：「我要把表格做好，給另一半過目，然後再一起拿給孩子看。」從落實你列出的行動開始，並在每一次感到更加滿意的時候，給自己讚美。

……………………………………………

本練習改編自「焦點解決技巧」，並獲得《焦點解決法》一書的共同作者，同時也是培訓講師的馬克・麥克高（Mark McKergow）授權。

利用瑟多納法學習放下

找個舒適的地點坐下，確定自己不會分心，也不會被打擾。大口呼吸兩到三次，把專注力放在自己身上，雙眼可以閉上或維持睜開的狀態。

第一階段

・將注意力集中在你想要改善的問題上。

・現在，請正視自己的情緒（無論是氣惱、盛怒、失望、難過）：不見得要是起伏很大的情緒，就算你沒有任何感受，或是感到空虛、無力、無言，或是陷入深層的惶恐之中，無論這些情緒是否容易察覺，都要學習放下。

・專注在當下時刻，並在思考問題的過程中，留意自己的感受。過程十分簡單，但是必須專注於當下，你才能找出讓自己更加自在的方式。

……………………………………………………

……………………………………………………

……………………………………………………

第二階段

・提出以下問題：我是不是能忽視這種情緒？這個問題的用意，只是為了檢視自己是否已經做好放下的準備，同時擺脫這種情緒，好好過日子。你可以回答「是」或「否」，兩種答案都是可行的。（就算你的回答是「否」，通常也能夠放下。）在過程中所提出的問題，都是簡單的問題，而且本身也無關緊要，但都是為了幫助你，理解自己有能力卸下過去的重擔，單純放下。

- 無論答案是什麼，請繼續第三階段。

……………………………………………………

……………………………………………………

……………………………………………………

第三階段

- 提出以下問題：我會放下嗎？我願意放下嗎？再次提醒各位，不需要爭辯。提醒自己，你是為了自己做決定，目的是為了擺脫這個問題所引起的痛苦。如果痛苦太過強烈，或是拖了太長時間，可能必須分成幾個小步驟完成，並請求專業醫師的協助。
- 如果回答是「否」，或是你對自己沒有把握，問自己：我寧願這樣下去，還是希望能夠自由自在？
- 就算答案仍舊是「否」，還是請你繼續第四階段。

第四階段

‧提出以下非常簡單的問題：我希望什麼時候可以放下？這是一個邀請，希望你此刻就能放下，或許你會驚訝發現，自己已經感覺到放下了。記得這是一個決定，屬於你的決定，而你隨時隨地都能做出決定。

……………………

……………………

……………………

……………………

……………………

……………………

第五階段

・反覆進行以上程序，直到你感到自在為止。這個練習需要反覆熟練，起初帶來的改變非常細微。各位可能會發現，每回提出上面所列的問題之後，自己就又放下了一些。有時候，初期的效果並不容易察覺，但是只要你願意堅持下去，成果會愈來愈顯著。儘管你感覺某些情緒、某些困擾會階段性出現，但請記住，你曾經放下的已經永遠離開了，你已經擺脫了束縛。

本練習是取材自《瑟多納法：放下的藝術》。

「如果我認為你是我的問題，那我肯定瘋了。」

「網友經常跟我說：『如果我放棄對現實提出異議，就等於失去所有的權力。如果我一味接受事實，就會變得消極，甚至失去採取行動的念頭。』

我會用另一個問題回答他們：『你能百分百確定這是事實嗎？』以下哪種情況能賦予最多的權力呢？是『當初我不應該丟了工作』？還是『我丟了工作，現在該怎麼辦？』其實，你認為當初不該發生的事情，本來就應該發生。這些事之所以本來就該發生，是因為已經發生了，任何事後的想法都於事無補，但這並不表示你諒解或同意這樣的結果。

這不過是表示你可以坦然接受事實，不讓內心的抗拒混淆了你的判斷。沒有人樂見自己的小孩生病，沒有人希望自己出車禍，但是一旦這些事情發生之後，內心的不情願要如何幫得上忙呢？其實每個人都可以有更恰當的態度，我們之所以抗拒，是因為不知道該如何制止自己。」

——拜倫・凱蒂，《一念之轉：四句話改變你的人生》

下面的練習是擷取自拜倫・凱蒂的網站「功課」，我很推薦這個網站（www.thework.com）。凱蒂鼓勵我們，釋放在遭遇爭議時所面對的巨大壓力，她認為，跟現實爭辯只是徒勞，就好比想要教會一隻貓像狗那般汪汪叫。

遵照下面的指示，事先寫下你抱怨的原因，然後進入本練習的第二階段，也就是對自己提出「功課」網站中的問題。

步驟一：毫無保留的評斷

- 描述一個讓你惱火、困擾、悲傷或失望的人，你討厭他哪一點？

例如：文森讓我很不爽，因為他總是批評我做的一切，從來都不幫我。

……………………………………

……………………………………

・你希望對方能有什麼改變？希望他做或不做什麼？

例如：我希望文森能夠協助我，不要總是對我所做的一切潑冷水。

……………………………………

……………………………………

……………………………………

・你需要對方付出什麼？

例如：我希望文森更尊重我，並信任我；還有，希望他知道我並不笨，偶爾我也能提出好的點子。

……………………………………

• 如果你可以盡情尖酸批評，你會怎麼描述對方？

例如：批評誰都會，可是他自己也好不到哪去。再說他什麼也不做，總是質疑一切，破壞我的計畫，可是他也沒有完成任何大事，所以輪不到他來給我指教。

步驟二：「功課」題組

請用下列四道問題來檢視你上述的每個回答。

• 是真的如此嗎？

• 你可以百分之百確定這是事實嗎？

• 你認定這些想法屬實之後，你是如何反應的，有發生任何情況嗎？

• 如果沒有這些想法，你會是怎樣的人？在提出最後這道問題的時候，請留意你內心的體會。

……………………………………

……………………………………

……………………………………

主客易位

更改你認定的事實。找出三個真實發生在你生活中的詳細例子，例如：把「文森不幫助我」變為「我不幫助文森」，或「我不幫助我自己」，或「文森幫助我」。

……………………………………

……………………………………

……………………………………

與其抱怨「表象」，不如直搗問題核心

我發現人們經常會抱怨某件事情的「表象」，我們會說：「我厭倦了工作！」或「我受夠了通勤、上班、睡覺的單調生活！」但我們其實正試著滿足某種更深層的需求。本練習的用意，是為了讓你認識深層的需求並得到滿足，因為對小事抱怨並無濟於事。

1. 寫下你生活中最常出現的一句抱怨。

例如：「我厭倦了工作。」

2. 接著，對自己提出五個「為什麼」？

例如（請按順序提問）：

• 為什麼我厭倦工作？回答：因為工作氣氛很糟。

………………………………………………

………………………………………………

………………………………………………

• 為什麼在愉快的環境下工作對我很重要？因為我對四周的環境很敏感。

………………………………………………

………………………………………………

………………………………………………

• 為什麼融洽的環境對我來說很重要？因為可以激勵我，四周流傳閒言閒語，會令我完全不想工作。

………………………………………………

‧為什麼根絕閒話很重要？因為很幼稚，我覺得我們應該更成熟一點。

‧為什麼成熟的態度很重要？因為幼稚阻礙我們做好工作，也沒有任何幫助。

3. 採取行動來滿足你深層的需求：你可以採取何種行動，讓自己感覺到有幫上忙？

……………………

……………………

……………………

現身說法

在挑戰的過程中，我了解抱怨是自發的反應，想要改變的關鍵，就是介入驅使我們抱怨的機制（通常我們都是身不由己，無法克制），而不是抱怨本身。不然就像有人不斷拖地板，卻沒發現到是因為水龍頭沒關，水源源不絕流出來！——網友／瑪特雅・勒布倫

挑戰者日誌

想要挑戰的讀者可以透過回答下列問題，紀錄自身的經驗。我覺得這個工具非常受用，因為挑戰期間，我每天晚上都會問自己這些問題，從白天的經歷中記取教訓。

第一天

• 我今天遭遇到什麼挫折？

……………………………………

……………………………………

• 為什麼我會覺得挫折？

……………………………………

……………………………………

・我內心尚未被滿足的需求是什麼？

……………………………………………………

……………………………………………………

・為什麼這很重要？

……………………………………………………

……………………………………………………

・遭遇挫折後，我抱怨了嗎？

・如果有，當時還可能有其他反應嗎？我可以改變什麼，避免下回再抱怨？

……………………………………………………

……………………………………………………

- 如果我沒有抱怨，那當時的反應是什麼？我滿意自己的表現嗎？

……………………………………………………

……………………………………………………

以此類推。

非暴力溝通

以下的詞彙表是為了幫助讀者，透過不抱怨的方式傳達挫折情緒。有時候，我們抱怨，是因為找不到恰當的字眼，訴說內心的感受，書中我所提到馬歇・羅森堡的非暴力溝通工具，就能適時提供協助。茲以表格呈現如下：

人類共有的需求（其中的一些）

自在／生存	
庇護	呼吸
食物、水分、排泄	感官刺激
性慾望	安全感（情感與物質）
光線	保存（時間、精力……）
運動、休息	保護
生殖（繁衍物種）	
成就	
學習	成長，進步
真實性	表現
美，和諧	啟發
覺悟	正直
創造力	和平
實現	
判斷，理解，定位	誠心，誠實（幫助我們從自我極限中學習）
靈性	
自主	
自由	選擇夢想／目標／理念
相互依存	選擇實現夢想的方法

相互依存	
接納	為生命付出（包括別人和自己）
關愛，愛情	付出與接受（關心、關愛、愛情、溫柔）
歸屬	同理心
重視	親密，靠近（包括別人和自己）
人性溫暖	分享，參與
信心	自重／尊重他人
關懷	
遊戲	
發洩	娛樂，治療
讚美	
享受人生與成就	緬懷傷痛與失去（所愛的人、夢想），儀式化，分享喜悅與痛苦

我們在需求沒有獲得滿足時的感受

沮喪	光火	疲乏
疲憊	厭倦	沉重
渴望	盛怒	不自在
苦惱	羨慕	不快樂
驚慌	驚駭	不高興
心煩	不幸	懷疑
焦躁	筋疲力竭	憂鬱
惱火	疲憊不堪	心情低落
不安	驚愕	遺憾
內心煎熬	發怒	緊張
心酸	疲勞	驚慌失措
焦慮	激動	難受
懷恨在心	驚訝	困惑
憂慮	震驚	驚惶
冷漠	洩勁	悲觀
受驚	驚恐	擔心
非常害怕	沒有幹勁	遲疑
渴求	難為情	厭煩生膩

反感	受傷	受困	憂鬱	哀傷	不快	心碎	擔心	困惑	驚愕	受挫	憤怒	膽怯	厭煩	好奇	窘迫	大怒	惡感
煩悶	生氣	勞累	暴怒	疲乏	脆弱	懼怕	挫折	戒備	埋怨	記仇	喘息	猶豫	羞恥	畏怯	毛骨悚然	失望	不耐
懷疑	心緒不寧	孤單	憂心	多疑	驚愕	過度激動	嚇壞	搖擺不定	焦慮不安	哀傷	慌亂	悔恨	動氣	空虛	氣餒	憂愁	侷促

癱軟	洩氣	「不舒服」
無力	懷疑	驚訝
躊躇	惱恨	冷漠
消沉	麻木不仁	不適
遲鈍	廢然	擔心
無言	不滿意	無能為力
不安感	絕望	冷淡
懊惱	不穩定	冷淡
為自己著想	痛苦	不解
混亂	嫉妒	

或是心情……

鬱悶	沉鬱	惡劣
憂愁	陰鬱	或是充滿……

或是充滿……

敵意	恐懼	嫌惡
反感	罪惡感	煩惱
疲憊感	懼怕	憐憫
怨恨	保留	

非暴力溝通網路資源

非暴力溝通

www.cnvc.org

❀

托瑪・安森堡（Thomas d'Ansembourg）網站：

非暴力溝通認證教師，著有《別再做好好先生，表現真實自我：和人相處的同時如何保有自我》

www.thomasdansembourg.com

❀

正面處理衝突：

http://users.skynet.be/martine.marenne

參考資料

本書曾經參考並可協助讀者進行挑戰的相關資料

❀ 達賴喇嘛與霍華・卡特勒（Le Dalaï-Lama and Howard Cutler），《快樂：達賴喇嘛的人生智慧》（*L'Art du bonheur*）。

❀ 馬修・希嘉（Matthieu Ricard），《擁護幸福》（*Plaidoyer pour le bonheur*）。

❀ 愛比克泰德（Épictète），《手冊》（*Manuel*）。

❀ 馬可奧勒留（Marc-Aurèle），《沉思錄》（*Pensées*）。

❀ 塞內卡（Sénèque），《論心靈的平靜》（*De la tranquillité de l'âme*）、《論人生的短促》（*De la brièveté de la vie,*）、《論幸福人生》（*De la vie heureuse*）、《給陸奇利烏斯的信》（*Lettres à Lucilius*）。

❀ 羅杭・古內爾（Laurent Gounelle），《神總是微服出巡》（*Dieu voyage toujours incognito*）、《小島上的靈魂治療師》（*L'Homme qui voulait être heureux*）。

❀ 阿黛兒・法博與艾蓮・馬茲里許（Adèle Faber et Elaine Mazlish），《讓孩子傾聽的說話術，讓孩子說話的傾聽術》（*Parler pour que les enfants écoutent,écouter pour que les enfants parlent*）、《兄弟姐妹之間的嫉妒與對立》（*Jalousies et rivalités entre frères et sœurs*）。

❀ 瑪賽兒・奧克萊（Marcelle Auclair），《幸福之書》（*Le Livre du bonheur*）。

❀ 馬歇・羅森堡（Marshall B. Rosenberg），《言語是窗口（但也可以是高牆）》（*Les Mots sont des fenêtres (ou bien ce sont des murs)*）、《生活中的非暴力溝通》（*La Communication non violente au quotidien*）。

❀ 艾克哈特・托勒（Eckhart Tolle），《當下的力量》（*Le Pouvoir du moment présent*）、《新大陸》（*Nouvelle Terre*）。

❀ 瑪西・許莫芙（Marci Shimoff），《快樂，不用理由》（*Heureux sans raison*）、《追尋純粹與真實的幸福》（*La quête d'un bonheur pur et véridique*）。

❀ 克里斯多夫・安德烈（Christophe André），《缺憾、自由與快樂》（*Imparfaits, libres et heureux*）。

❀ 托瑪・安森堡（Thomas d'Ansembourg），《別再做好好先生，表現真實自我》（*Cessez d'être gentil, soyez vrai*）。

❀ 魏蘭德・邁爾斯（Wayland Myers），《實踐非暴力溝通：建立新關係》（*Pratique de la communication non violente : établir de nouvelles relations*）。

❀ 唐・米格爾・魯伊斯（Don Miguel Ruiz），《托爾特克人的四種和諧：通往個人自由的法門》（Les Quatre Accords toltèques : la voie de la liberté personnelle）。

❀ 伊夫・亞歷山大・塔爾曼（Yves-Alexandre Thalmann），《幸福的人從不過問真假…他們傳誦美麗的故事》（*Les Gens heureux ne s'inquiètent pas de savoir si c'est vrai… Ils se racontent de belles histoires*）、《樂觀看待人生的小小練習本》（*Petit cahier d'exercices pour voir la vie en rose*，插畫：Jean Augagneur）、《學習幸福的小小練習本》（*Petit cahier d'exercices d'entraînement au bonheur*）、《正面處理憤怒的小小練習本》（*Petit cahier d'exercices pour vivre sa colère au positif*）。

❀ 丹尼爾・吉伯特（Daniel Todd Gilbert,），《快樂為什麼不幸福》（*Et si le bonheur vous tombait dessus*）。

❀ 安琪莉絲・艾琳（Angeles Arrien），《薩滿啟蒙的四個法門》（*Les Quatre Voies de l'initiation chamanique*）。

❀ 安娜・杜弗勒芒特爾（*Anne Defourmantelle*），《遇見愛情：感情生活精神病學》（*En cas d'amour : psychopathologie de la vie amoureuse*）。

❀ 大衛・伯恩斯（David D. Burns），《讓你感覺更好：憂鬱的認知治療法》（*Se libérer de l'anxiété sans médicaments : La thérapie cognitive, un autotraitement révolutionnaire de la dépression*）。作者網站（英文）：www.feelinggood.com/Dr_Burns.htm

❀ 瑪麗安・威廉姆森（Marianne Williamson），《回到愛情：心靈治療手冊：放下、原諒、去愛》（*Un retour à l'amour : manuel de psychothérapie spirituelle : lâcher prise, pardonner, aimer*）。

❀ 拜倫・凱蒂與史蒂芬・米切爾（Katie Byron and Stephen Mitchell），《一念之轉：四句話改變你的人生》（*Aimer ce qui est*）。

❀麥克斯．摩爾（Max More）網站（英文）：www.maxmore.com。

❀更深入的英文練習資源：知之與不知：www.doceo.co.uk/tools/knowing.htm。

❀瑟多納釋放法法文網站：www.methode-sedona.com。

❀海爾．多斯金（Hale Dwoskin），《瑟多納法：放下的藝術》（*La Méthode Sedona : l'art du lâcher-prise*）。

❀Nia 健康舞 www.nianow.fr。

適合孩子的讀物

❀蓋瑞．安德森與阿德里安貝納．雷蒙（Gary Anderson and Adrien Bernard Reymond），《地平線彼端的傳說》（*Contes par-delà l'horizon*）。

❀麗絲．道淩（Lise Daulin），《緣起邂逅》（*Juste une rencontre*）。

❀彼得．海德里希與加魯（Pierre Hedrich / Galou），《紅色斑點》（*La Tache rouge*）。

❀史蒂芬妮．列昂（Stéphanie Léon），《自私自大的龍》（*Le Dragon qui se regardait le nombril*）。

❀艾琳．德裴提尼（Aline de Pétigny），《樂觀的小小想法》（*Petites pensées à l'endroit*）、《輕巧的阿黛萊德》（*La Légèreté d'Adélaïde*）、《生氣的莉莉》（*Lili colère*）、《王子與智者》（*Le Prince et le Sage*）、《公主和牧羊女，與其他兩個童話》（*La Princesse et la Bergère et deux autres contes*）。

練習不抱怨

21天不抱怨的挑戰，4個步驟，擺脫抱怨，迎來幸福（最新修訂版）

J'arrête de Râler!

作者　克莉絲汀・勒維齊（Christine Lewicki）
譯者　范兆延
行銷企劃　劉妍伶
執行編輯　曾婉瑜
封面設計　比比思
版面構成　張凱揚

發行人　王榮文
出版發行　遠流出版事業股份有限公司
地址　104005臺北市中山北路1段11號13樓
客服電話　02-2571-0297
傳真　02-2571-0197
郵撥　0189456-1
著作權顧問　蕭雄淋律師

2014年01月01日　初版一刷
2023年03月01日　二版一刷
定價　新台幣320元

ISBN 978-957-32-9936-3
遠流博識網　http://www.ylib.com　E-mail: ylib@ylib.com
（如有缺頁或破損，請寄回更換）
Original French Title: J'ARRETE DE RALER

國家圖書館出版品預行編目(CIP)資料

練習不抱怨：21天不抱怨的挑戰，4個步驟，擺脫抱怨，迎來幸福 / 克莉絲汀 . 勒維齊 (Christine Lewicki) 著 ; 范兆延譯 . -- 二版 . -- 臺北市 : 遠流出版事業股份有限公司 , 2023.03
面；　公分　譯自 : J'arrête de râler !
ISBN 978-957-32-9936-3(平裝)

1.CST: 修身 2.CST: 生活指導

192.1　　111021409